THÉORIE

DE

L'EXPROPRIATION

POUR CAUSE D'UTILITÉ PUBLIQUE

AVEC

UNE INTRODUCTION HISTORIQUE

PAR

René **BAUNY** de **RÉCY**

DOCTEUR EN DROIT

PREMIER COMMIS DE LA DIRECTION DES DOMAINES DE LA SEINE

PARIS

A. DURAND & PÉDONE-LAURIEL, ÉDITEURS

9, RUE CUJAS (ANCIENNE RUE DES GRÈS, 7)

1872

THÉORIE

DE L'EXPROPRIATION

POUR CAUSE D'UTILITÉ PUBLIQUE

THÉORIE

DE

L'EXPROPRIATION

POUR CAUSE D'UTILITÉ PUBLIQUE

AVEC

UNE INTRODUCTION HISTORIQUE

PAR

René BAUNY de RÉCY

DOCTEUR EN DROIT

PREMIER COMMIS DE LA DIRECTION DES DOMAINES DE LA SEINE

———→•←———

PARIS

A. DURAND & PÉDONE-LAURIEL, ÉDITEURS

9, RUE CUJAS (ANCIENNE RUE DES GRÈS, 7)

1871

INTRODUCTION HISTORIQUE

I

DROIT ROMAIN

La protection que les lois accordent aux droits privés ne peut évidemment dépasser les limites au delà desquelles l'exercice de ces droits porterait préjudice à d'autres intérêts individuels ou collectifs. L'État a donc incontestablement le pouvoir de réglementer la propriété. Quelle est l'étendue de ce pouvoir? Peut-il aller, dans certains cas, jusqu'à la dépossession complète du citoyen? Tel est le problème que les différentes civilisations sont appelées tour à tour à résoudre.

A l'origine de tous les peuples, entre le droit de propriété mal défini et d'impérieuses nécessités, l'hésitation est impossible, et la propriété vaincue d'avance; mais ensuite, quand un pouvoir plus régulier, prenant en main la cause de l'intérêt général, veut entreprendre les travaux que nécessite le développement de la prospérité publique, il trouve la propriété organisée de son côté, et alors commence une lutte dont les résultats, différents suivant les mœurs et les époques, font ressortir à merveille le caractère propre de chaque société. Sous un gouvernement absolu, la volonté du prince ou des magistrats surmonte toutes les résistances, et si l'on accorde une compensation au propriétaire dépossédé, c'est seulement par un sentiment naturel d'équité. Au contraire, à peine constituées les sociétés aristocratiques travaillent à assurer la conservation des fortunes, l'État s'interdit comme impolitique toute atteinte à la propriété, et ce respect grandit jusqu'à tenir en échec les considérations les plus graves d'intérêt général, lorsqu'il se rencontre des particuliers assez riches pour refuser toutes les offres. Enfin, entre ces deux extrêmes, les législations à la fois démocratiques et libérales, adoptant un tempérament, reconnaissent à l'État le droit de s'emparer de la propriété, mais subordonnent ce droit à l'obligation absolue d'indemniser les citoyens.

Les rapports entre la puissance publique et la propriété privée sont particulièrement intéressants à étudier chez les peuples où l'on rencontre tout ensemble le culte de l'État et le respect des droits individuels.

Sous ce rapport, la civilisation romaine mérite plus que toute autre d'attirer notre attention. Lorsqu'on parcourt les monuments si complets qu'elle nous a laissés sur la plupart des matières du droit, l'on éprouve un certain étonnement à comparer le petit nombre des textes qui peuvent jeter quelque lumière sur la question, avec la quantité prodigieuse de grands travaux publics entrepris par les Romains. Ce rapprochement a conduit quelques auteurs à penser qu'à Rome la propriété fut toujours respectée (1); à d'autres il a fait supposer, au contraire, l'existence d'une législation spéciale qui ne nous serait pas parvenue (2). La première de ces opinions s'écarte évidemment de la vérité historique; la seconde ne repose, à vrai dire, sur aucun fondement sérieux. M. de Fresquet, sans aller aussi loin, s'est efforcé d'établir que « la *plena in re potestas* pouvait être en-
« levée aux particuliers pour cause d'utilité publi-
« que, que le propriétaire recevait ordinairement une
« indemnité calculée judiciairement, enfin que cette
« indemnité, le plus souvent fixée en argent, était

---

(1) PROUDHON, *Domaine public*, II, 198; — LABOULAYE, *Histoire du Droit de propriété*, II, 2.

(2) M. GARBOÜLEAU, *Thèse pour le doctorat*, Paris, 1859.

« payée préalablement à la prise de possession (1). »
De son côté, M. Serrigny enseigne que « le principe
« de l'expropriation pour cause d'utilité publique exis-
« tait dans le droit romain, mais que ce principe, non
« réglé par la constitution et les lois, s'exerçait arbi-
« trairement (2). »

Avec des données aussi vagues que celles que nous
possédons, on est réduit forcément à de simples con-
jectures en ce qui concerne l'expropriation pour cause
d'utilité publique à Rome ; mais, autant qu'on en peut
juger, il paraît difficile d'admettre l'existence de ce
droit exceptionnel ; en tout cas, le système de M. de
Fresquet, et même celui de M. Serrigny seraient
beaucoup trop absolus.

On peut reprocher d'abord à ces deux auteurs de
n'avoir envisagé qu'une seule époque du droit romain,
l'époque impériale, la moins importante peut-être à
notre point de vue. En effet, pour avoir une idée
exacte de la législation d'un peuple sur une matière
qui touche d'aussi près au droit politique, il semble
qu'on doive s'attacher au moment où les institutions de

----

(1) *Revue historique,* 1860, p. 97.
(2) *Droit public et administratif romain,* II, n° 953.

ce peuple ont fonctionné régulièrement, plutôt qu'à la période pendant laquelle elles se sont trouvées détournées de leur but, et faussées dans leur esprit. Il est d'autant plus nécessaire de suivre cette méthode pour l'étude de la législation romaine que, d'après tous les historiens, la substitution de l'empire à la république s'opéra d'une manière presque insensible, et, pour ainsi dire, à l'ombre des lois républicaines que les empereurs affectèrent toujours de respecter (1). Si donc nous trouvons la propriété garantie d'une façon complète pendant la république, ne serons-nous pas autorisés à penser que cette inviolabilité subsista, sinon en fait, du moins en droit, pendant l'empire, et, dès lors, ne faudra-t-il pas en conclure que les cas de dépossession forcée dont on peut rencontrer des exemples, ne furent que des abus de pouvoir et non l'application d'un principe ?

Or, tout ce que nous savons de la société romaine nous confirme dans cette opinion. Le caractère particulier de la propriété à Rome permet difficilement de croire qu'un citoyen ait jamais pu être dépossédé de sa chose pour l'utilité de tous, et des raisons spé-

---

(1) Montesquieu, *Grandeur et Décadence des Romains,* ch. xiii.

ciales font parfaitement comprendre comment ce respect du droit privé pouvait se concilier avec les exigences de l'intérêt général.

« A Rome, dit M. Fustel de Coulanges, ce ne
« sont pas d'abord les lois qui protégent la propriété,
« c'est la religion (1). Chaque domaine est placé
« sous la protection de divinités tutélaires, prêtes
« à repousser le voleur et à écarter l'ennemi (2).
« La maison est un temple, le foyer un autel, le
« champ une sépulture héréditaire. Dès l'origine, le
« Terme inamovible est déifié comme le représentant
« du culte domestique. Le tombeau ne peut jamais
« être détruit ni déplacé, et lorsqu'une famille vend
« le domaine où est sa sépulture, la loi exige
« qu'elle reste propriétaire du tombeau, et qu'elle
« conserve à jamais le droit de traverser le fonds
« pour aller accomplir les cérémonies funèbres (3).
« Aussi voyons-nous la vente de la propriété, d'a-
« bord interdite, puis soumise à certaines formalités

---

(1) Ovide, *Fastes,* V, 141 ; — Tibulle, *Élégie* I, 20 ; — Cicéron, *de Legibus,* II, 11.

(2) Cicéron, *pro Domo,* XLI ; — Macrobe, I, 23 ; — Ovide,
Fastes, VI, 299.

(3) Cicéron, *de Legibus,* I, 21 ; — Dig. L. 10, *de Religiosis
et sumptibus.*

« d'un caractère religieux. C'est pour la même raison
« que la loi des Douze Tables donne pour gage au
« créancier la personne même de son débiteur et non
« sa chose (1) ». Ne fallait-il pas, en effet, par tous les
moyens possibles, attacher l'homme à cette terre
qu'il doit défendre chaque jour les armes à la main ?
Supposer qu'on pouvait, à cette première époque,
enlever au citoyen sa propriété, en dehors de ces cas
d'absolue nécessité où toutes les lois sont suspendues,
c'est supposer un acte à la fois impolitique et sa-
crilége de la part d'un gouvernement habile entre
tous, et religieux jusqu'à la superstition.

Ces considérations ont sans doute leur valeur ; il
ne faudrait pas toutefois en exagérer l'importance.
Ce n'est pas au champ tout entier, mais seulement
au terrain occupé par le sépulcre, que la loi attache
le caractère religieux (2), et quant à la servitude
d'enclave, elle constitue précisément une restriction
au droit de propriété que les glossateurs du moyen

---

(1) *La Cité antique,* ch. iv. (Paris, 1868.)

(2) « Sepulchrum est ubi corpus ossave hominis condita
« sunt. » Celsus autem ait : « Non totus qui sepulturæ destinatus
« est, locus religiosus fit, sed quatenus corpus humatum est. »
L. 2, § 5 Dig. *de Religiosis et sumptibus.*

âge ont essayé de comparer à une expropriation (1).
On pourrait donc, en retournant l'argument de
M. Fustel de Coulanges, soutenir que si la religion
a contribué à rendre la propriété respectable, elle a,
probablement aussi, fourni dans certains cas aux
pontifes un moyen commode d'obtenir le consentement des propriétaires à des cessions d'utilité publique.

Mais, indépendamment du sentiment religieux, la
propriété romaine avait une garantie plus efficace et
plus durable : pour remplir les vides faits par la
guerre, il avait fallu donner le droit de cité à une
partie des peuples vaincus ; la classe moyenne,
décimée sur les champs de bataille ou disséminée
dans les colonies, avait peu à peu cédé la place à ces
nouveaux venus sans patrimoine ; les patriciens de-
vinrent donc en peu de temps seuls maîtres du sol,
si bien qu'un siècle avant l'ère chrétienne il n'y avait
même plus deux mille citoyens qui fussent proprié-

---

(1) « Si quis sepulchrum habeat, viam autem ad sepulchrum
« non habeat et a vicino ire prohibeatur, imperator Antoninus
« cum patre rescripsit iter ad sepulchrum peti et concedi so-
« lere; ut quotiens non debetur impetretur ab eo qui fundum
« adjunctum habeat. » L. 12, Dig. *de Relïgiosis et sumptibus.*

taires, « *non esse in civitate duo millia hominum qui rem haberent* (1) ». Or, quand on songe que depuis la chute des rois jusqu'aux guerres civiles qui préparèrent l'empire, le pouvoir fut presque exclusivement exercé par ces mêmes patriciens (2), on est forcé de reconnaître que la propriété concentrée dans leurs mains a dû s'y trouver complétement à l'abri. En y touchant de quelque manière que ce fût, les magistrats de la caste privilégiée auraient donné trop beau jeu aux tribuns du peuple, sans cesse préoccupés de répartir plus également entre toutes les classes les possessions territoriales. Aussi, lorsque Rullus, pour soutenir sa loi agraire, allègue qu'il ne veut déposséder personne contre son gré : Belle faveur, s'écrie Cicéron, comme si nous ne savions pas qu'il est inique d'acheter contre le gré du propriétaire ! « Cavet enim vir optimus ne emat ab invito : « quasi vero non intelligamus ab invito emere in- « juriosum esse (3). » Le traité *des Devoirs* rappelle encore aux magistrats qu'ils ne doivent pas toucher à la propriété, même pour cause d'utilité publique. « In

---

(1) Cicéron, *de Officiis,* II, 21.
(2) Cicéron, *de Republicá,* II, 22.
(3) *De Lege agrariá,* I, 5.

« primis autem videndum erit ei qui rempublicam
« administrabit ut suum quisque teneat, neque
« de bonis privatorum publice deminutio fiat (1). »

Un principe aussi absolu aurait dans nos sociétés
modernes les plus graves inconvénients; nous allons
voir au contraire qu'il a pu fort bien être admis à
Rome, sans apporter aucun obstacle aux travaux d'intérêt général. Les ouvrages nécessaires à la défense
et à l'assainissement de la ville avaient été exécutés
sous les premiers rois; les routes s'avançaient avec la
conquête ; quant à d'autres entreprises, il devait en
être fort peu question d'abord, chez un peuple conti-
nuellement en guerre avec ses voisins. Le patrio-
tisme allait d'ailleurs au devant de tous les sacrifices
commandés par des circonstances particulières, et les
censeurs, chargés à la fois de la surveillance des
mœurs et de l'exécution des travaux publics, n'auraient pas manqué de noter sévèrement le citoyen dont
la résistance aurait compromis une entreprise utile.

Plus tard, quand, après la conquête de la Grèce,
les progrès du luxe firent sentir le besoin d'embel-
lissements considérables, en même temps que le dé-

____

(1) *De Officiis*, II, 21.

veloppement des richesses avait refroidi le patrio-
tisme, on vit de simples citoyens, enrichis par la
guerre et jaloux de gagner la faveur du peuple, faire
exécuter à leurs frais les travaux que réclamait la
splendeur naissante de Rome, enlevant ainsi à la
puissance publique toute occasion d'intervenir.

Il ne faut pas oublier, d'ailleurs, que jusqu'à la
guerre sociale, le droit quiritaire, le seul qui pût
conférer la propriété civile, fut réservé à l'*ager ro-
manus* et aux municipes (1). Toutes les autres parties
de l'empire n'étaient pour Rome que des pays conquis, dont le sol n'était pas susceptible de propriété. Ce point, parfaitement établi en ce qui concerne les terres laissées aux peuples vaincus, nous
paraît également incontestable relativement à celles
dont la république s'emparait, soit pour les affermer,
soit pour y fonder des colonies : les premières for-
maient des dépendances du domaine public, et les
adjudications qu'en faisaient les censeurs, impropre-
ment appelées *venditiones* (2), étaient, comme on l'a

-----

(1) Cicéron, *Pro Balbo*, XXI; *Pro Cæcinâ*, XXXV; — Sigo-
nius, II, p. 546.

(2) Festus, Rép. vᵒ *Venditio :* « Venditiones olim dicebantur
« censoriæ locationes. »

su depuis, de simples locations, consenties moyennant une redevance souvent minime mais qui témoignait toujours de la précarité des concessions (1). Quant aux colonies, les citoyens, en allant s'établir dans celles qui n'avaient pas reçu, par exception, le *jus Qui-* *ritium*, subissaient une *media capitis deminutio*, et ne pouvaient plus dès lors être considérés comme propriétaires, d'après le droit strict (2).

La plupart des terres se trouvaient donc soumises au domaine éminent de la république, auquel nulle prescription ne pouvait les soustraire (3). Par conséquent, si, vis-à-vis des tiers, la jouissance des *possesseurs*, protégée par le droit prétorien, constituait une sorte de propriété inviolable et transmissible, cette jouissance n'était à l'égard de l'État qu'un simple usage toujours révocable (4). Il aurait donc été possi-

---

(1) NIEBUHR, III, 196; -- SAVIGNY, *Possession*, § 12; — TITE-LIVE, XXXI, 13.

(2) HEINECCIUS, *Antiq. rom.*, I, 16; — NIEBUHR, IV; — *App.*, I.

(3) AGGENUS URBICUS, *de Contr. agr.*, éd. Goëz, p. 69; — Dig. L. 12, § 2, *de Publ. in rem actione :* « In vectigalibus et in « aliis prædiis quæ usucapi non possunt Publiciana competit. »

(4) LABOULAYE, *Histoire du Droit de propriété ;* — MACÉ, *des Lois agraires chez les Romains;* — CICÉRON, *de Lege agrariâ*, III, *passim*.

ble à la république de reprendre de vastes territoires sans porter atteinte à la propriété ; cependant ce ne fut que fort tard qu'on eut recours à cette espèce de retrait, que la longue possession des détenteurs rendait chaque jour plus difficile. Les études récentes dont les lois agraires ont été l'objet l'ont parfaitement démontré ; en effet, ces lois, généralement mal comprises jusqu'alors, n'avaient pour but que de faire rentrer dans le domaine public, et le plus souvent moyennant indemnité, des terres usurpées par de simples concessionnaires. Quelques-unes, par une sorte de compromis, garantissaient même aux possesseurs, en échange des terres qu'on devait leur reprendre pour les distribuer aux citoyens pauvres, la propriété du surplus. C'est en ce sens qu'il faut entendre le passage suivant de la loi Thoria, sur lequel on a beaucoup discuté : « Quem agrum ex publico in privatum com-
« mutavit, quo pro agro loco ex privato in publicum
« tantum modum agrei loci commutavit, is ager, locus,
« omneis privatus, ita ut ei quei optima lege privatus
« est, esto, quei ager ex privato in publicum commu-
« tatus erit (1). » D'autres lois, celles de Rullus entre

---

(1) Le texte des lois agraires a été reproduit par HAUBOLD

autres, proposaient d'acheter, pour y fonder des colo-
-nies, les terres des citoyens, mais à l'amiable seulement, ce qui fait que Cicéron se demande ce que de-
viendront les fonds destinés à ces achats dans le cas
où l'on ne trouverait personne disposé à vendre : « De-
« inde emi jubet : ab invito vetat. Quæro si, qui ve-
» lint vendere, non fuerint, quid pecunia fiet? Referre
« in ærarium lex vetat : exigi prohibet. Igitur pecu-
« niam omnem decemviri tenebunt : vobis ager non
« emetur (1). » Il est donc bien certain qu'à part les
excès de Sylla et des triumvirs, aucune des lois agraires n'a eu pour objet de déposséder un propriétaire.
L'opposition terrible que rencontrèrent les Gracques
et leur mort tragique montrent suffisamment quel eût
été le sort de toute mesure qui aurait porté atteinte à
la propriété proprement dite, jusqu'au jour où les dic-
tateurs se firent un jeu de violer ouvertement les lois.

En présence de ces faits, pour soutenir que l'expropriation, telle que nous la comprenons aujourd'hui, a
pu exister sous un régime si différent du nôtre, il faudrait tout au moins s'appuyer sur des textes de loi

---

(*Antiquitatis romanæ monumenta,* Berlin, 1830, in-8°), et par
le *Corpus Latinarum Inscriptionum* de l'Académie de Berlin.

(1) CICÉRON, *de Lege agrariâ,* II, 27.

formels, et MM. de Fresquet et Serrigny n'en citent aucun qui se rapporte à l'époque de la république. Ils reproduisent seulement, comme résumant les principes de l'expropriation, les réflexions suivantes de Frontinus, à propos d'un ancien sénatus-consulte cité par cet auteur, et qui prescrivait seulement de laisser libre à l'avenir autour des aqueducs un espace de quinze pieds dans la campagne, et de cinq dans les villes : « Posset hoc senatus-consultum æquis- « simum videri, etiam si ex rei tantum publicæ utilitate « ea spatia vindicarentur ; multo magis cum majores « nostri, admirabili æquitate, ne ea quidem eripuere « privatis quæ ad modum publicum pertinebant. Sed « cum aquas perducerent, si difficilior possessor in « parte vendendâ fuerat, pro toto agro pecuniam intu- « lerunt. » (Ch. cxxviii.)

Mais d'abord, le sénatus-consulte, transcrit par Frontinus, ne statue que pour l'avenir, et, tout en ordonnant d'arracher les arbres existant sur les espaces réservés, il défend de toucher à ceux qui se trouveraient renfermés dans des propriétés closes (1). Quant

______

(1) « Ita ut neque monumentum in his locis post hoc tempus « ponere liceret. Si quæ nunc essent arbores intra id spatium « exciderentur, præterquam si quæ inclusæ ædificiis essent. »

au passage cité, il est singulier que l'on ait cru trouver la consécration du droit d'exproprier dans un texte qui dit précisément qu'on n'enlevait pas aux particuliers leurs possessions (*non eripuere*). Il faudrait donc, sous peine de fournir un argument de plus à notre système, traduire ces mots, comme le fait M. de Fresquet, par : *ne pas prendre sans indemnité*. Et cependant, notre interprétation n'est-elle pas la plus simple et la plus logique, puisque toute cession forcée, accompagnée ou non d'un dédommagement, a pour résultat d'enlever la chose au propriétaire (*eripere*) ?

Il suffit, du reste, de rapprocher ce passage d'un autre de Tite-Live, qui a trait également à la construction d'un aqueduc ordonnée par les magistrats compétents, et aux frais du trésor public : « *Censores* « *locarunt aquam adducendam... impedimento operi* « *fuit M. Licinius Crassus qui per fundum suum duci* « *non est passus* (1). » Sans doute les travaux dont parle Tite-Live avaient été adjugés à des entrepreneurs, et l'on pourrait prétendre que les entrepreneurs n'étaient pas subrogés aux droits de l'État, mais qu'importe? Quand, sous un gouvernement investi du

______

(1) Liv. XL, ch. LI.

pouvoir d'exproprier, les concessionnaires se trouvent arrêtés par une résistance individuelle, la puissance publique intervient d'une manière ou d'une autre et l'entreprise s'achève ; ici, au contraire, le refus d'un seul citoyen en rend l'exécution absolument impossible.

Les magistrats chargés des ouvrages d'utilité publique étant exposés à rencontrer souvent des obstacles de cette nature, il n'était pas possible de déterminer à l'avance, d'une manière certaine, la direction des travaux. Ainsi s'explique l'extrême latitude laissée à ces fonctionnaires. C'était à eux à s'arranger comme ils le pouvaient pour exécuter les ordres du Sénat : « Eidem mandatum a Senatu est ut curaret quatenus « alias aquas quas posset in urbem perduceret (1). »

Mentionnons encore un passage de Cicéron d'où il résulte qu'après la guerre sociale, le Sénat ayant voulu, dans l'intérêt de la sécurité publique, réunir à l'*ager publicus* en Campanie certains fonds qui s'y trouvaient enclavés, l'on dut s'arrêter devant le refus des propriétaires : « Cùm a majoribus nostris P. Len- « tulus, qui, princeps Senatus, in ea loca missus

---

(1) FRONTINUS, *de Aquæductibus*, ch. VII.

« esset, ut privatos agros, qui in publicum Campanum
« incurrebant, pecuniâ publicâ coemeret, dicitur re-
« nuntiasse, nullâ se pecuniâ fundum cujusdam emere
« potuisse (1). »

Les guerres civiles, soulevées par la haine des pro-
létaires contre les riches, aboutirent au despotisme
militaire. Il semble au premier abord que cette révo-
lution, en substituant une monarchie absolue à une
république aristocratique, ait dû porter un coup décisif à la propriété. Ce serait là cependant une idée
complétement fausse. Instruit par le sort de César,
Auguste se garda bien d'accepter la dictature, dont
l'autorité illimitée aurait peut-être satisfait plus complétement son ambition, mais qui, n'étant qu'une res-
source pour les circonstances extrêmes et non une
forme de gouvernement, n'aurait pu se transformer
en régime permanent, sans attester trop ouvertement
la ruine de la république. Il se contenta donc d'attirer
à lui tous les pouvoirs de l'État en gouvernant avec
le titre et les fonctions attachées aux anciennes ma-
gistratures, et sans s'arroger aucune prérogative nouvelle. Cette concentration dans les mains d'un seul

---

(1) Cicéron, *In Rullum*, II, n° xxx.

d'attributions jusque-là soigneusement divisées, favorisa beaucoup l'arbitraire, mais elle n'apporta, à proprement parler, aucun changement dans la constitution, et spécialement, elle ne modifia pas les rapports légaux entre la puissance publique et la propriété privée. Suétone rapporte qu'Auguste dut renoncer à son projet d'agrandir le Forum, *non ausus extorquere possessoribus proximas domos* (1); or, un pareil scrupule se comprendrait difficilement si le droit de s'emparer de la propriété privée avait été établi avec l'empire; à plus forte raison serait-il inexplicable si Auguste avait trouvé l'expropriation déjà organisée par les lois et consacrée par l'usage.

Tous les empereurs ne montrèrent pas, à beaucoup près, la même modération; ils s'habituèrent à oser davantage à mesure qu'ils sentirent leur autorité mieux affermie; beaucoup disposèrent arbitrairement de la propriété, à ce point que Pline le Jeune fait gloire à Trajan de l'avoir respectée (2). Mais ces actes n'ont

______

(1) *Auguste*, LVI.

(2) « Non enim exturbatis prioribus dominis, omne stagnum, « omnem lacum, omnem etiam saltum, immensâ possessione « circumvenis : nec unius oculis flumina, fontes, maria deser- « viunt. Est, quod Cæsar non suum videat; tandemque impe-

rien de commun avec l'exercice d'un pouvoir régulier, et l'on doit se garder d'en conclure avec M. Serrigny, que l'expropriation pour cause d'utilité publique a dû exister pendant l'empire. On ne serait pas fondé davantage à soutenir, comme le fait le même auteur, que le droit d'exproprier était implicitement reconnu par la règle *quidquid principi placuit legis habet vigorem;* cette règle ne signifie pas, en effet, que toutes les fantaisies du prince sont justes et légitimes : une pareille maxime érigée en principe de gouvernement serait la négation même du droit, dont la législation romaine est considérée justement comme la plus haute expression; elle veut dire seulement que le pouvoir législatif ayant passé du peuple aux empereurs, les constitutions impériales ont force de loi : « Ut pote cum « lege regià quæ de imperio ejus lata est, populus ei « et in eum omne suum imperium et potestatem con- « ferat (1). »

Or, nous ne voyons pas que jusqu'à la séparation des empires d'Orient et d'Occident aucune constitution ait prononcé, d'une manière générale, ou pour un cas

---

« rium principis, quam patrimonium majus est. » (*Panegy-* « *ric.* L.)

(1) L. 1, Dig. *de Const. principum.*

particulier, la dépossession d'un ou plusieurs propriétaires dans l'intérêt public. On a cité à tort la loi 3 au
Code *de Ædificiis privatis :* cette loi décide que le
particulier dont la maison est tombée en ruines ne
peut en convertir le sol en jardin sans l'autorisation
du président, qui devra s'assurer que ce changement
n'est pas préjudiciable aux voisins, et que les magistrats municipaux n'y voient pas d'inconvénients : « An
« totum ex ruinâ domus licuerit non eamdem faciem
« restituere, sed in hortum convertere, et an hoc con-
« sensu tunc magistratuum non prohibentium, item
« vicinorum factum sit : præses, probatis his quæ in
« oppido frequenter in eodem genere controversiarum
« servata sunt, cognitâ causâ, statuet. »

Il n'y a donc pas là une expropriation, puisque la
propriété ne change pas de maître, mais tout au plus
une servitude de mitoyenneté ou d'alignement établie
par les usages locaux.

Quant aux fragments du Digeste, ils ne mentionnent
que trois cas de dépossession légale : les retraits de
fonds provinciaux, la confiscation et les assignations
de terres. Nous les examinerons rapidement.

« Lucius Titius prædia in Germaniâ trans Rhenum
« emit, et partem pretii intulit : cum in residuam quan-

« titatem heres emptoris conveniretur, quæstionem
« retulit dicens, has possessiones ex præcepto princi-
« pali partim distractas, partim veteranis in præmia
« adsignatas : quæro an ejus rei periculum ad vendi-
« torem pertinere possit? Paulus respondit, futuros ca-
« sus evictionis post contractam emptionem ad ven-
« ditorem non pertinere : et ideo secundum ea quæ
« proponuntur, pretium prædiorum peti posse. »
(L. 11, *de Evictionibus*.)

Comme on le voit, le fonds dont parle Paul est situé
au delà du Rhin, en Germanie, et la propriété des
fonds provinciaux appartenant soit à l'empereur, soit
au peuple romain, ainsi que l'enseigne Gaïus (1), le
prince, en en ordonnant la vente, ne fait que disposer
de son bien.

Passons au second cas de dépossession forcée.

« Si fundus quem mihi locaveris, publicatus sit,
« teneri te actione ex conducto, ut mihi frui liceat,
« quamvis per te non stet, quominus id præstes :
« quemadmodum, inquit, si insulam ædificandam
« locasses, et solum corruisset, nihilominus teneberis :

---

(1) Comm., II, § 7. « Sed in provinciali solo... dominium
« populi romani est vel Cæsaris. Nos autem possessionem
« tantum et usumfructum habere videmur. »

« nam et si vendideris mihi fundum, ipse prius, quam
« vacuus traderetur, publicatus fuerit, tenearis ex
« empto, quod hactenus verum erit, ut pretium resti-
« tuas : non ut etiam id præstes, si quid pluris mea in-
« tersit, eum vacuum mihi tradi. Similiter igitur et circa
« conductionem servandum puto, ut mercedem quam
« præstiterim restituas, ejus scilicet temporis, quo
« fruitus non fuerim : nec ultra actione ex conducto
« præstare cogeris. Nam et si colonus tuus fundo frui
« a te aut ab eo prohibetur quem tu prohibere ne id
« faciat possis, tantum ei præstabis, quanti ejus inter-
« fuerit frui : in quo etiam lucrum ejus continebitur :
« sin vero ab eo interpellabitur, quem tu prohibere
« propter vim majorem aut potentiam ejus non poteris,
« nihil amplius ei quam mercedem remittere aut
« reddere debebis (1). »

Personne n'ignore que la confiscation étant essentiellement pénale, ne peut avoir aucune analogie avec
les dépossessions forcées pour cause d'utilité publique.
Il est vrai que M. Garbouleau prétend, et que
M. Saint-Raymond répète après lui, qu'il n'est pas ici
question d'une confiscation, puisque la loi parle d'un

---

(1) L. 33, *Locati conducti*.

prix reçu par le propriétaire (1). Mais cette assertion est tout simplement absurde, attendu que le prix dont il s'agit est celui du contrat intervenu avant la confiscation entre l'acquéreur évincé et son vendeur, et non une somme payée par le fisc.

Remarquons en passant que la loi 33 est déclarée, par tous les jurisconsultes, inconciliable avec les textes du Digeste, du Code et des Institutes qui mettent de la manière la plus positive les risques de la chose vendue à la charge de l'acquéreur du jour même de la vente (2). M. Demangeat en donne une explication qu'il déclare d'ailleurs purement historique : « Africain, « dit-il, me paraît avoir reproduit ici une ancienne « doctrine d'après laquelle, comme le bailleur n'a « droit qu'à la *merces* c'est-à-dire au loyer, qu'en « proportion de la jouissance qu'il a effectivement pro-« curée au preneur, de même le vendeur n'a pas droit « au prix, lorsque, même sans sa faute, la chose n'a « pas pu être livrée à l'acheteur. C'est ainsi que nous

---

(1) M. Saint-Raymond, *Thèse pour le doctorat*, p. 10, Paris, 1867.

(2) L. 7 et l. 8, Dig. *de Periculo et Commodo rei vend.*; — L. 1 et l. 4, Code, *de Periculo et Commodo rei vend.*; — Instit., § 4, *de Empt. Vend.*

« voyons Julien, contemporain d'Africain, poser en
« principe qu'il serait contraire à la bonne foi, *ut*
« *emptor rem amitteret et pretium venditor retineret*
« (L. 11, § 18. D. *de Act. empt.*). Mais les juriscon-
« sultes postérieurs ont décidé, et cette décision a fini
« par être universellement admise, que sous le rapport
« des risques, il ne fallait pas traiter de même le ven-
« deur et le locateur (1). »

Sans méconnaître le mérite de cette explication, nous
croyons qu'il est permis de chercher dans les termes
mêmes de la question posée par Africain les motifs de
sa décision, d'autant plus qu'il conclut par analogie de
la vente au bail, et non du bail à la vente. Peut-être, à
notre avis, serait-ce au caractère éminemment exceptionnel du cas d'éviction dont parle la loi qui nous
occupe, qu'il faudrait attribuer la contradiction signalée
plus haut. En effet, comme l'a fort bien compris
Pothier, l'obligation imposée au vendeur de restituer
le prix s'expliquerait sans aucune difficulté si la vente
était rétroactivement résolue ; or, cet effet rétroactif
qui, dans les ventes forcées pour l'utilité publique,
auxquelles Pothier l'applique (2), n'aurait aucune

---

(1) *Cours de Droit romain,* t. II, p. 310.
(2) *Traité du Contrat de vente,* n° 307.

raison d'être, puisque dans les sociétés où ces sortes de ventes sont admises l'État prend l'immeuble là où il le trouve, est au contraire tout à fait conforme à la nature des décrets de confiscation, dont le but est d'atteindre le coupable dans sa fortune, et aux conséquences desquels celui qui se sent menacé pourrait trop facilement se soustraire en faisant à l'avance argent de ses immeubles.

Restent les assignations de terres faites aux soldats.

« Item si forte ager fuit qui petitus est et militibus « adsignatus est, modico, honoris gratiâ, possessori « dato, an hoc restituere debeat? Et puto præsta- « turum. » (L. 15, § 2, Dig. *de Rei vindicatione;* Ulpien, lib. XVI *ad Edictum.*)

Rudorff n'hésite pas à considérer ce cas comme une expropriation : *der Besitzer eines Grundstücks ist gegen mässige Abfindung expropriirt wor- den* (1). En effet, pourrait-on dire, il s'agit bien cette fois d'un fonds italique, puisque la revendication est admise ; voilà donc un propriétaire dûment exproprié, et, qui plus est, sans indemnité, ou peut s'en faut.

Mais c'est précisément cette dernière circonstance

---

(1) *Gromatische Institutionen,* p. 387 et la note.

qui doit nous mettre en garde contre l'opinion de Rudorff. Le fait d'une propriété civile légalement enlevée à un citoyen et distribuée à des soldats, constituerait déjà par lui-même une anomalie considérable, mais, qu'au temps d'Ulpien, une semblable dépossession ait lieu sans dédommagement, c'est ce qu'il est absolument impossible d'admettre. Il n'y a qu'un retrait de terres publiques qui puisse ne pas donner lieu à récompense pour le possesseur. Nous sommes donc obligé, pour l'intelligence du texte, de rechercher à quels immeubles s'appliquaient les assignations.

Montesquieu nous apprend que Sylla, le premier, et au mépris de tous les droits, distribua aux vétérans des propriétés privées (1). Depuis lors, chacune des factions victorieuses traita à tour de rôle l'Italie en pays conquis; les proscriptions s'étendirent des personnes aux fortunes, et les soldats du parti triomphant s'établirent dans les terres arrachées aux citoyens (2).

---

(1) *Grandeur et Décadence des Romains*, ch. xi et la note.

(2) « .. quibus secundum æstimationem pecunia data est, « pulsique agris suis sunt, veteranusque victor eo deductus « est. » (SICULUS FLACCUS, *de Condicionibus agrorum*.)

Les lois Cornéliennes, flétries par Cicéron, purent ratifier ces violences mais non les légitimer.

Cela dura près d'un siècle, sans que, malgré les prescriptions de la loi Servilia et les promesses de César, les propriétaires expulsés de leurs héritages reçussent en général la moindre compensation (1). Mais quand Auguste, maître de l'empire, chercha à faire oublier jusqu'au nom odieux d'Octave, les spoliations cessèrent peu à peu pour ne reparaître que pendant les périodes de guerre civile. L'ancien triumvir acheta de ses deniers les terres des municipes pour y établir ses soldats, ou leur distribua des portions du domaine public, quelquefois avec indemnité pour les possesseurs (2).

Il y eut par conséquent, suivant les règnes, deux sortes d'assignations, qu'il faut bien se garder de confondre, les unes prises sur les propriétés privées et auxquelles fait allusion Siculus Flaccus, témoin des partages faits aux légions de Vespasien, les autres ne portant que sur le domaine public, et seules en usage,

____

(1) Appien, *de Bello civili,* II, 94.

(2) « Pecunia quam pro agris quos..... assignavi militibus « solvi municipiis ea sestertium circiter sexsiens milliens fuit.» (*Inscription d'Ancyre,* III, 22.)

selon toute probabilité, lorsque l'administration avait repris sa marche régulière, comme on peut s'en convaincre à la lecture des *Agrimensores*. « De locis pu- « blicis, dit Frontinus, sive populi romani, sive colonia- « rum municipiorumque controversia est quotiens ea « loca quæ neque adsignata neque vendita fuerint « umquam, aliquis possiderit ; » et plus haut : « Ager « per strigas et scamna divisus et assignatus est more « antiquo, in hanc similitudinem, qua in provinciis arva « publica coluntur. » De même, Hyginus nous montre l'empereur expulsant certains possesseurs pour leur substituer ses soldats, et laissant à certains autres leurs anciennes possessions en leur en conférant la propriété. « Alioquin, cum ceteros *possessores* expelleret, et para- « ret agros quos divideret, quos *dominos* in possessio- « nibus suis remanere passus est, eorum condicionem « mutasse non videtur : nam neque cives coloniæ « accedere jussit (1). »

En constatant qu'à l'époque des jurisconsultes classiques l'indemnité était généralement illusoire, Rudorff a donc établi, contre son propre système, que la loi 15, § 2, *de Rei vindicatione,* se rapporte à l'assigna-

---

(1) *Schriften der Römischen Feldmesser.* Berlin, 1848.

tion d'un fonds soumis au domaine éminent, et qui, par conséquent, n'est pas plus susceptible d'expropriation que de propriété : « die Zwangsentäusserungen « gegen eine ungenügende Entschädigung blieben « daher die Regel zur Zeit der Agrimensoren und der « classischen Juristen (1). »

Les termes mêmes du texte viennent à l'appui de notre interprétation. Dans le langage rigoureusement précis des jurisconsultes romains, le mot *ager,* sur lequel Ulpien insiste avec une intention marquée, et qui semble bien dans sa pensée se rapporter à un état antérieur du fonds litigieux (*si forte ager* fuit *qui petitus est*), s'entend presque toujours des terres publiques, surtout lorsqu'il est accompagné comme ici du mot *possessor.* La preuve en est dans la définition qu'Ulpien lui-même donne des choses publiques : « Publici loci appellatio quemadmodum accipiatur La- « beo definit : ut et ad areas, et ad insulas, *et ad agros,* « et ad vias publicas itineraque pertineat. » (L. 2, § 3, *ne quid in loco publico.*) Et lorsqu'on objecte que la revendication ne s'applique jamais qu'à la propriété civile ou quiritaire on ne prend pas garde sans doute

---

(1) *Gromatische Institutionen,* p. 387.

que le fonds assigné ne peut plus être l'objet d'une revendication en nature mais seulement d'une revendication utile, soumise à des conditions beaucoup moins
rigoureuses par rapport au droit du réclamant. Rien
n'empêche donc de croire qu'Ulpien a voulu parler d'un
immeuble du domaine public, dont la possession n'était
protégée de son temps que par les actions prétoriennes,
et que sa décision, qui se trouvait placée dans la seconde partie de son livre XVI sur l'édit où il traitait de
la Publicienne (1), aura été transportée dans le Digeste au titre de la Revendication, comme la plupart
des règles communes aux deux actions, lorsque Justinien supprima toute distinction entre le *dominum ex
jure Quiritium* et l'*in bonis*.

En résumé, nous n'avons pas encore rencontré
jusqu'ici le cas d'expropriation par excellence, celui
où un propriétaire est dépossédé pour l'exécution de
travaux publics ; et pourtant, si l'expropriation avait
été admise en pareille matière, il serait surprenant qu'on
n'eût trouvé, dans les monuments historiques relatifs
aux trois premiers siècles de l'empire, aucune trace de

---

(1) « In vectigalibus et in aliis prædiis quæ usucapi non
« possunt Publiciana competit. » (L. 12, § 2, Dig. *de Publi-
cianâ in rem actione.*)

cet usage qui, une fois accepté, prend d'ordinaire une extension rapide. Avec la confusion qui subsista toujours à Rome entre l'État et la personne du souverain, les empereurs auraient pu facilement mettre le droit d'exproprier au service de leurs convenances particulières. Cependant, c'est à la confiscation qu'ils ont recours lorsqu'ils veulent donner à leurs spoliations l'apparence de la légalité. N'aurait-il pas été plus simple et surtout plus politique de mettre en avant l'intérêt général, si l'intérêt général avait pu justifier une atteinte à la propriété?

Le silence des jurisconsultes est plus significatif encore. Il est bien certain que des atteintes fréquentes portées à la propriété pour des entreprises d'intérêt général auraient éveillé leur attention, tout comme les confiscations et les assignations de terres, et qu'ils s'en seraient préoccupés, sinon pour régenter la toute-puissance impériale, du moins pour déterminer la conséquence des cessions forcées par rapport aux contrats du droit commun dont l'immeuble a pu être l'objet. Il faudrait donc supposer une lacune dans les compilations de Justinien, et cette hypothèse est d'autant moins probable que l'expropriation a été appliquée aux travaux publics dans l'empire d'Orient.

Au surplus, la question nous paraît tranchée en faveur du respect absolu de la propriété par le texte suivant d'Ulpien, que M. de Fresquet, par une coïncidence assez étrange, invoque précisément pour prouver qu'en cas d'expropriation l'indemnité devait être préalable : « Si constat in agro tuo lapidicinas esse, « invito te nec privato nec publico nomine quisquam « lapidem cædere potest, cui id faciendi jus non est, « nisi talis consuetudo in illis lapidicinis consistat ut, « si quis voluerit ex his cædere, non aliter hoc faciat « nisi prius solitum solatium pro hoc domino præstat. » Bien loin de reconnaître en faveur de la puissance publique une prérogative exceptionnelle, cette loi assimile complétement l'État à un simple particulier vis-à-vis du maître de la carrière, aussi bien quand elle défend en règle générale de prendre de la pierre sans son autorisation, que quand elle le permet malgré son opposition, en vertu, soit d'un droit acquis (*id faciendi jus*), soit d'une coutume locale (*consuetudo*).

Tout ce qu'on pourrait dire, c'est qu'à la longue, les différences entre l'Italie et les provinces tendant de jour en jour à disparaître, la propriété quiritaire a fini par être traitée, à de certains égards, comme la propriété du droit des gens, en même temps que, sous d'autres rapports, la propriété du droit des gens était assimilée à la propriété quiritaire ; il en résulterait que l'expropriation se serait trouvée déjà établie en fait, lorsqu'il en a été fait mention pour la première fois dans les constitutions impériales.

Cette hypothèse est de beaucoup la plus probable, et pourtant il s'en faut que les lois citées par M. de Fresquet soient toutes concluantes. Plusieurs ordonnent des travaux publics sans imposer en termes formels aux propriétaires l'obligation de vendre leurs héritages (1) ; parmi celles qui portent aux intérêts privés une atteinte plus directe, quelques-unes ont le caractère de mesures de police ou de pénalités encourues soit pour des infractions aux règlements, soit pour des usurpations commises sur le domaine public (2) ; quant à celles qui fixent le prix des denrées

---

(1) « Si quando concessa a nobis licentia fuerit extruendi, id
« sublimis magnificentia tua sciat esse servandum ut nulla do-
« mus inchoandæ publicæ fabricæ gratia diruatur nisi usque
« ad quinquaginta libras argenti pretii taxatione æstimabitur ;
« de ædificiis vero majoris pretii ad nostram scientiam refe-
« ratur, ut ubi amplior poscitur quantitas imperialis exstet
« auctoritas. » (L. 9, Code, de Op. publ.)

(2) « Excellens eminentia tua cuncta privata ædificia quæ
« cunjuncta horreis publicis esse cognoverit dirui ac demoliri
« præcipiet; ita ut ex quatuor lateribus privatorum consortio

pendant les moments de disette (1), et à celles qui accordent la liberté aux esclaves lorsqu'ils ont dénoncé certains crimes (2) ou qu'ils sont maltraités par leurs

---

« separata sint ac libero spatio secernantur *ut a principio fue-*
« *rant fabricata.* » (L. 38, C. Th., *de Operibus publ.,* liv. XV, titre I.)

« *Ædificia* quæ vulgi more Parapetasia nuncupantur, vel si
« qua aliqua opera publicis mœnibus vel privatis sociata cohæ-
« rent, ut ex his incendium vel insidias vicinitas reformidet,
« aut angustentur spatia platearum, vel minuatur porticibus
« latitudo, dirui ac prosterni præcipimus. » (L. 39, C. Th., *de Operibus publ.,* liv. XV, titre I.)

(1) « Civitatum incolæ vel qui in eis aliquid possident non
« cogantur in aliam civitatem vel metropolim species conferre,
« sed et si ʻinevitabilis quædam causa id fieri exigat, justis
« pretiis quæ in ea civitate obtinent, ex qua præbentur spe-
« cies, eas indigentibus vendant. Compensentur autem vendi-
« toribus pretia cum auraria collatione; nec enim æquum est,
« qui nunc præbuit species et annonæ copiam attulit, ei postea
« pretia computari : et hoc fiat cura et solertia præsidis cujus-
« que provinciæ; nullus vero cogatur vendere omne id quod
« sui usus gratia comparaverit, sed superflua tantum...» (L. 2, Code, *Ut nemini liceat.*)

(2) « Quoniam religiosa sollicitudo ad augendam provocan-
« damque fidei observationem, juris præmio affici debet, si ad
« ulciscendam cædem domini incorruptis probationibus ac
« strenuo nisu constiteris, libertatem quam his qui dominorum
« cædem vindicant, jampridem senatus-consultis et statutis
« principum præstari sancitum est, etiam tu pro tam ingenti-
« bus meritis non ex ipso facto sed aditione et sententia præ-
« sidis reportabis. » (L. 1, Code, *Pro quibus causis.*)

maîtres (1), elles ne rentrent nullement dans notre sujet. En somme, nous ne voyons guère que quatre dispositions qui aient rapport à des cessions forcées pour l'utilité générale ; ce sont les lois 50, 51 et 53 au Code théodosien, relatives à la construction du portique des thermes d'Honorius, de la salle des conférences et de la nouvelle enceinte à Constantinople, enfin la Novelle VII, chapitre ii, § 1, qui autorise l'aliénation des biens de l'Église lorsque l'intérêt public le réclame. Voici le texte de ces lois :

1. « Opus cœptum exstruatur et porticus thermas « Honorianas præcurrat acie columnarum, cujus « decus tantum est ut privata juste negligeretur « paulisper utilitas. Sed ne census sui quisquam in- « tercepta lucra deploret, sed e contrario cum pul- « chritudine civitatis etiam fortunas suas auctas esse « lætetur, pro loco quod quisque possederat, super- « ædificandi licentiam habeat. Nam in locum privati « ædificii quod in usum publicum translatum est, oc- « cupationem basilicæ jubemus vetustæ succedere, ut

---

(1) « Præfectus urbi amicus noster, eam quæ ita veniit ut « si prostituta fuisset abducendi potestas esset, ei cui secun- « dum constitutionem divi Hadriani id competit, abducendi « impertiet facultatem. » (L. 1, Code, *Si mancipium*.

« contractus quidam et permutatio facta videatur, cum
« dominus qui suum dederat civitati, pro eo habiturus
« sit ex publico, remota omni formidine, quod incon-
« cusso robore et ipse habere, et quibus velit, tradere
« habebit liberam facultatem (1). »

2. « Turres novi muri qui ad munitionem splendidis-
« simæ urbis exstructus est, completo opere præcipimus
« eorum usui deputari, per quorum terras idem murus
« celebratur (2). »

3. « Exsædras qua septentrionali videntur adhærere
« porticui in quibus tantum amplitudinis et decoris esse
« monstratur, ut publicis commodis possint capaci-
« tatis ac pulchritudinis suæ admirationé sufficere,
« supra dictorum concessibus deputabit. Eas vero
« quæ tam orientali quam occidentali lateri copulan-
« tur..... his tamen ipsis quæ humiliores aliquanto
« atque angustiores putantur, vicinarum spatia cellu-
« larum ex utrius que lateris portione oportet adjungi,
« ne quid aut ministris eorundem locorum desit aut
« populis. Sane si qui memoratas cellulas probabun-
« tur vel imperatoria largitate, vel quacunque alia

---

(1) L. 50, Code théod., *de Operibus publ.*
(2) L. 51, Code théod., *dc Operibus publ.*

« donatione aut emptione legitima possidere, eos ma-
« gnificentia tua competens pro iisdem de publico
« pretium jubebit accipere (1). »

4. « Sinimus igitur imperio si qua communis com-
« moditas est, et ad utilitatem reipublicæ respiciens et
« possessionem exigens talis alicujus immobilis rei
« qualem proposuimus : hoc ei a sanctissimis eccle-
« siis, et reliquis venerabilibus domibus, et collegiis
« percipere licere, undique sacris domibus indemnitate
« servata, et recompensanda re eis ab eo, qui percipit
« æqua aut etiam majore quam data est. Quid enim
« causetur imperator ne meliora det? Cui plurima
« dedit Deus habere, et multorum dominum esse et
« facile dare, et maxime in sanctissimis ecclesiis in
« quibus optima mensura est donatarum eis rerum
« immensitas (2) . »

Cette dernière disposition est la seule conçue en
termes généraux; et encore faut-il remarquer qu'elle
s'applique à des biens provenant des libéralités des
empereurs et que Justinien peut se croire jusqu'à un
certain point autorisé à reprendre moyennant une

---

(1) L. 53, Code théod., *de Operibus publ.*
(2) NOVELLE VII, ch. ii, § 1.

large compensation. Les trois autres textes sont des décisions d'espèce concernant des travaux entrepris à Constantinople, c'est-à-dire dans la nouvelle capitale, et non dans l'ancienne métropole jalouse de ses traditions. Dans tous ces cas, d'ailleurs, la fixation de l'indemnité, sa nature, son mode de payement restent complétement abandonnés à la discrétion du pouvoir impérial. Il semble qu'on aurait fort à faire pour rattacher à un principe commun ces décisions très-diverses. On peut même se demander si, à partir de cette époque, le droit d'exproprier a été définitivement introduit dans la législation romaine, lorsqu'on lit dans Codin l'aventure du portier Antiochus, dont la résistance faillit arrêter les travaux de Sainte-Sophie, et qu'il fallut amener par intimidation à *signer l'acte de vente de sa maison.* L'emploi de la force dans cette circonstance n'est-il pas l'aveu le plus formel de l'impuissance où se croyait Justinien de suppléer par un moyen légal au consentement du dernier de ses sujets? Libre ou forcé, ce consentement est toujours indispensable, et l'on ne peut pas dire qu'on s'est emparé d'une propriété contre la volonté du propriétaire : *coactus voluit, sed voluit.*

On trouvera ce passage traduit comme il suit dans

le *Corpus scriptorum historiæ byzantinæ,* publié à Bonn en 1843 :

« Imperator justitiæ et probitatis amans, quod nol-
« let quemquam injuriâ et damno affici, mœstus animo
« cogitabat quid cum illo ageret : strategius autem
« magister, thesauri imperatoris præfectus ejusque
« adoptivus frater, imperatori promisit se aliquo com-
« mento illum victurum ut ædes suas etiam invitus
« (καὶ μὴ βουλομένου) vendere cogeretur. Prædictus
« enim Antiochus ostiarius circensium studio flagrans
« venetum colorem sive ceruleum amabat, illo -
« que admodum delectabatur. Cum igitur ludi circen-
« ses exercendi essent, magister strategius ostiarium
« comprehendit eumque in prætorium inclusit ipso
« ludorum die. At ille cum ejulatu et dolore cla-
« mans dicebat : Circenses spectem et quidquid impe-
« rator jusserit faciam. Imperatoris igitur jussu statim
« in caveam adductus est, ibique ædes suas, præsente
« questore, et universo senatu subscribente, vendidit,
« idque octoginta quinque libris auri (1). »

Ainsi donc, dans l'état actuel de la question, et avec les documents produits jusqu'à ce jour, il nous

---

(1) Georgius Codinus, *de Structura templi S.-Sophiæ,* p. 133.

paraît impossible d'établir que le principe de l'expropriation pour cause d'utilité publique a pu exister en droit romain, puisqu'à toutes les époques de l'histoire, et à tous les degrés de la hiérarchie sociale, nous voyons l'État ou le souverain arrêtés par la résistance d'un simple particulier.

Si cependant l'on tenait absolument à trouver dans les institutions des Romains le germe des évictions pour cause d'utilité publique, c'est plutôt en dehors de Rome, dans les cités auxquelles le régime municipal avait conservé la plus grande partie de leurs anciennes coutumes, qu'il faudrait le chercher. Même dans les villes qui avaient reçu le droit italique, la centralisation romaine si absolue sous le rapport politique ne s'étendait pas à l'administration (1). A cet égard l'indépendance des municipes resta complète. Le peu de documents que nous possédons sur ce sujet nous montrent les magistrats locaux jouissant d'une certaine latitude, et beaucoup d'inscriptions attestent qu'il appartenait aux décurions d'assigner le terrain nécessaire aux travaux publics (2). Toutefois, rien

---

(1) Savigny, *Geschichte des Römischen Rechts,* ch. ii, § 6.

(2) Raynouard, *Histoire du Régime municipal en France,* I, p. 100.

dans les travaux de Roth, de Savigny et de M. Guizot ne donne lieu de penser que le droit d'exproprier
ait pu rentrer dans les attributions soit des duumvirs,
soit du quinquennal. Il existe même au Code deux
textes qui semblent exclure cette idée : l'un qui défend
à la curie de commencer un travail sans l'autorisation
de l'empereur (1), l'autre qui interdit aux décurions,
c'est-à-dire à presque toute la classe des propriétaires, d'aliéner leurs propriétés sans autorisation (2).
Mais comme ces textes coïncident avec l'époque d'immixtion du pouvoir impérial dans l'administration des
cités, il est possible que la curie ait recouvré sa liberté
d'action et qu'elle ait même étendu ses fonctions à
mesure que l'autorité centrale se fît moins respecter.
C'est ainsi que nous pourrons expliquer comment
l'expropriation s'est trouvée expressément consacrée
au moyen âge dans les statuts des villes qui conser-
vèrent le plus longtemps le régime municipal romain.

---

(1) L. 1, Code, *de Rationibus oper. publics* ; — L. 26 *de
Episcopali audientiâ*.

(2) L. 1 et L. 3, Code, *de Prædiis decurionum sine decreto
non alienandis*.

II

ANCIEN DROIT FRANÇAIS

Nous avons cru voir dans le silence des jurisconsultes romains la preuve que les lois de leur époque n'avaient jamais fait fléchir le respect du droit de propriété devant les exigences de l'intérêt général. Cet argument paraît plus décisif encore quand on se trouve en présence des témoignages unanimes qui affirment l'existence de l'expropriation dans l'ancien droit français. Depuis Beaumanoir jusqu'à Montesquieu, il n'y a peut-être pas un jurisconsulte qui n'en parle, au moins incidemment (1). C'est qu'en

(1) Beaumanoir, *Coutumes de Beauvoisis,* ch. xxv, art. 13; ch. lviii, art. 25; — Callœus, *Ad leges Marchiæ municipales,* art. 308; — Mazuer, *Pratique, de Emptione Venditione,* n° 8; — Du Moulin, *Coutume de Paris,* tit. I, § 41, n° 98; — Expilly, *Arrêts,* ch. vi, n° 7; — La Rocheflavin, *Traité des Droits seigneuriaux,* ch. xxxviii, art. 1; — Maillart, s. le titre III de la *Coutume d'Artois;* — Boucheul, s. l'article 23 de la *Coutume de Poitou;* — Chopin, *du Domaine,* liv. III, ch. xxiii; — Pothier, *du Contrat de vente,* n° 511; — Domat, *Les Loix civiles,*

effet, tandis qu'à Rome la propriété, constituée dès l'origine dans toute sa plénitude, a pu résister victorieusement pendant plusieurs siècles aux empiétements des pouvoirs publics avant qu'une loi positive vînt consacrer sa défaite, il lui a fallu chez nous plus de douze cents années de lutte pour échapper aux souvenirs de deux conquêtes successives.

Vers la fin de la domination romaine, la Gaule avait joui d'une assez grande indépendance; beaucoup de ses villes avaient reçu le droit municipal, mais les campagnes étaient restées tributaires et soumises aux exactions des gouverneurs. « Aussi, dit Champion
« nière, lorsque le pouvoir suprème tomba aux mains
« des rois francs, ce fut à peine si les populations
« s'en aperçurent. Les excès des gouverneurs étaient
« portés aux dernières limites de la tyrannie..... Au
« surplus, rien ne fut changé dans l'administration
« publique; les officiers reçurent les mêmes noms et
« les mêmes fonctions; les *comites,* les *vicarii,* les

---

liv. I, tit. II, sect. xiii; — Montesquieu, *Esprit des lois,* liv. XXVI, ch. xv; — Bosquet, *Dictionnaire des Domaines,* v° *Exemption;* — Merlin, *Répertoire,* v° *Retrait d'utilité publique;* — V. encore Galland, *Traité du franc alleu;* — Boutaric, *des Lois,* § 1, n° 6; — Hervé, *Théorie des Matières féodales.*

« *judices* continuèrent à se répandre sur le territoire
« et à poursuivre les habitants de leurs exactions (1). »

Pour avoir une idée de la confusion qui suivit la
chute de l'empire d'Occident, il faut se reporter à la
peinture saisissante qu'en a tracée M. Guizot (2).
L'on y verra les éléments en décomposition de la
civilisation romaine cherchant à se combiner avec
les germes informes de la société barbare, les rois
s'efforçant en vain de remplir le cadre de la monarchie impériale, et dans le chaos des invasions et des
guerres privées, la propriété livrée aux caprices du
plus fort, pendant que la notion de l'État s'altère
chaque jour davantage.

De là un immense besoin pour chacun de recourir
à une protection plus immédiate qui fait que les pouvoirs locaux s'accroissent des prérogatives arrachées
une à une aux mains débiles du souverain. En même
temps que le seigneur, entouré des compagnons auxquels il inféode ses terres et des petits propriétaires
qui viennent lui recommander leurs héritages, étend

---

(1) *De la Propriété des eaux courantes,* nº 54.

(2) *Essai sur les causes de la chute des rois des deux pre-*
mières races.

sa lourde main sur les campagnes et y perpétué le régime de la violence, les villes recueillent dans leurs murs les fugitifs jaloux de conserver ce qui leur reste d'indépendance : celles du Midi trouvent dans leurs institutions municipales, presque partout respectées par le vainqueur, le premier point d'appui de leur résistance ; celles du Nord commencent la lutte sourde qui doit aboutir à l'affranchissement des communes. Puis bientôt, le roi, réduit longtemps au rôle d'un seigneur ordinaire, avec le titre illusoire de suzerain, affirme sa souveraineté, et cherche à ressusciter à son profit les traditions du despotisme impérial.

Telles sont les trois influences qui, à des degrés dffiérents, et dans la mesure que nous allons essayer de faire connaître, ont le plus contribué, suivant nous, à établir en France l'expropriation pour cause d'utilité publique.

Les recherches dont l'histoire du moyen âge est l'objet depuis le commencement du siècle ont jeté peu de lumière sur la nature, et, partant, sur l'étendue des pouvoirs seigneuriaux. Tandis que Championnière ne reconnaît le caractère consensuel qu'aux droits dérivant du fief, et fait remonter jusqu'à la conquête romaine ceux qu'il attribue à la justice, la plupart des savants ne veulent voir, dans les obligations de l'homme de pooste, comme dans celles du vassal, que des conditions plus ou moins dures du contrat par lequel le seigneur concédait la jouissance de ses terres.

Nous sommes fort en peine de nous prononcer pour l'un ou l'autre système; nous devons cependant confesser qu'il nous répugne beaucoup de considérer comme issus d'un contrat constitutif de jouissance des droits qui sont la négation même de toute jouissance, tels que ceux de forêts dont Ducange a pu dire : « Willelmus Nothus terram Deo et hominibus abstulit « ut eam dicaret feris et canum lustris, a qua 36 ma- « trices ecclesias extirpavit et populum earum dedit « exterminio (1). » Ce n'est là, dit-on, que l'extension abusive du droit de chasse originairement réservé par le seigneur sur les fiefs comme sur les censives; soit; mais que penser du droit accordé au même seigneur de noyer les terres de ses sujets en les dédommageant préalablement? « Le seigneur de fié, dit la Coutume « d'Anjou, peult faire estang en son fié et nuepce, « pourveu que la chaussée en soit noüée par les deux

---

(1) Ducange, cité par Championnière, nº 35.

« bouts en son domaine. Et si le dict seigneur de fié
« noye les prez ou terres de ses subjects par le dict
« estang, il les peut et doit contenter par eschange
« advenant, et ne le peuvent empescher ses dicts
« subjects pourveu que le desdommaigement en soit
« fait ausdicts subjects; et lequel desdommaigement
« doit être fait préalablement ausdits subjects en au-
« tres héritaiges et de telle valeur comme ceux des
« dicts subjects qui seront empêchez par les dicts
« estangs. (Art. 29.) » La même disposition est reproduite presque dans les mêmes termes par les
Coutumes du Maine (art. 34), de Troyes (art. 180),
de la Marche (art. 308), de Touraine (art. 37), de
Nivernais (art. 4), et Guy Coquille la trouve utile
pour le bien public! Si cette clause barbare a pu
jamais être insérée dans un contrat commutatif, si
celui qui s'en prévaut ne fait qu'user d'une concession librement consentie, qu'on nous dise ce que vient
faire ici l'indemnité!

Au surplus, en ce qui concerne l'expropriation pour
cause d'utilité publique, il nous est à peu près indifférent d'admettre, entre le seigneur et l'homme de
pooste, le lien féodal. Nous allons voir, en effet, que
les devoirs généraux du vassal comportaient l'obliga-

tion de céder le fief à son seigneur, indépendamment
de toute stipulation ou réserve. Beaumanoir, après
avoir rappelé que : « li sires doit autant foi et loiaté à
« son home comme li hons fet à son seigneur, » ajoute :
« se li quens a un home qui ait aucun héritage, li
« quix héritages li nuise durment à se meson, ou à
» se forterece, *ou contre le commun porfit*, il ne
« pot pas deveer au conte qu'il ne prengne soufisant
« escange de son héritage ; mais voirs est qu'il ne
« doit pas estre contrains au vendre, s'il ne li plest,
« mais l'escange soufisant ne pot il refuser (1). »

On lit également dans Oldrade, que le particulier,
pour accommoder son seigneur, pouvait être contraint
de céder *justo pretio* son héritage, *ut in eo erigantur
furcæ patibulares* (Conseil 161) (2).

Il est même à noter que l'utilité publique apparaît

___

(1) *Coutumes de Beauvoisis,* ch. LVIII, art. 25 et 23.

(2) Un mémoire lu à la Société des Antiquaires, le 8 avril
1863, par M. Carro, présente à tort comme relative à un cas
d'expropriation une charte par laquelle Hugues de Châtillon
obtient, en 1328, de l'abbé de Sainte-Geneviève, l'autorisation
d'établir un vivier à Esbly, et dédommage les habitants en
argent. Le terrain sur lequel fut pris le vivier appartenait à
l'abbaye de Sainte-Geneviève, et fut accordé du consentement
de l'abbé et des censitaires, *interveniente communi assensu
ville predicte, et suo. (Bulletin,* année 1863, p. 96.)

davantage dans les cessions imposées au vassal, tandis que l'agrément particulier du seigneur se rencontre presque exclusivement dans les cas de dépossession forcée que Championnière rattache aux droits de justice.

Nous ne voudrions pas tirer de ces exemples des conclusions trop générales, ni surtout confondre les abus si nombreux au moyen âge, principalement pendant les xive et xve siècles, avec l'exercice d'un pouvoir légitime ; mais nous ne craignons pas d'affirmer que presque partout les seigneurs s'attribuèrent dès l'origine et firent consacrer à leur profit par la coutume le droit de s'emparer indépendamment de toute convention antérieure des terres de leurs sujets, au moins pour la construction de leurs forteresses et pour la réparation des chemins, laquelle leur était imposée en compensation de la perception des péages. (Coutumes de Poitou, art. 13 ; de Tours, art. 85 ; d'Orléans, art. 107.)

Et il ne paraît pas que les seigneurs aient laissé de longtemps tomber ce droit en désuétude. Voici en effet ce qu'en dit Tronçon, sur l'article 71 de la Coutume de Paris : « Nos coutumes, en cette question, « n'admettent qu'un seul cas par lequel il est permis

« aux hauts justiciers de contraindre leurs sujets à
« vendre leurs héritages, en les récompensant préa-
« lablement à l'équipollent; à savoir quand les
« seigneurs veulent édifier de nouveaux étangs ou
« les dilater.... Ainsi hors ledit cas, et spéciales dis-
« positions desdites coutumes, et de l'intérêt public,
« il semble que les particuliers ne peuvent être con-
« traints de vendre à leurs seigneurs hauts justiciers
« leurs maisons ou héritages pour les accommoder :
« que ce serait une espèce d'impiété. Néanmoins, j'ai
« vu juger le contraire, quand la récompense est
« offerte en pareille bonté et condition d'héritage. »

Les cas royaux d'expropriation, pour cause d'u-
tilité publique, sont extrêmement nombreux, et il est
facile de le comprendre. Comme souverain, le roi
trouve, dans le droit écrit, le pouvoir d'exproprier,
expressément consacré par les Novelles (1) ; comme
seigneur, il est placé au sommet de la hiérarchie

----

(1) « Sed et alias civitates muris et turribus inexpugnabilibus
« munivit, mirâ et laudandâ justitiâ principis; licet de jure
« scripto posset propter publicum regni commodum in alieno
« fundo muros erigere et fossata, ipse tamen juri præferens
« æquitatem damna sua quæ per hoc homines incurrebant de
« fisco proprio compensabat. » (Guillaume LE BRETON, *Histoire
de Philippe-Auguste; Historiæ Francorum scriptores*, V, p. 52.)

féodale, et dans sa lutte contre les grands vassaux, il cherche non-seulement à réprimer leurs abus, mais encore à se réserver exclusivement leurs prérogatives.

Il faut d'ailleurs reconnaître que, sous la double influence des légistes et du clergé, l'exercice du pouvoir royal fut infiniment moins tyrannique que la domination des seigneurs. C'est ainsi qu'on voit Saint-Louis écrire, en 1255, au sénéchal de Carcassonne pour lui ordonner de faire obtenir aux frères Prêcheurs, par vente, échange ou autrement, l'emplacement qui leur était nécessaire pour construire un nouveau couvent (1).

On sait que la voirie fut une des premières attributions reconquises par le roi sur ses grands vassaux. « Quant un quemins, dit Beaumanoir, est si dur- « ment empiriés en aucuns liex, c'on ne le pot refere « sans trop grand coust, il loist au souvrain qu'il le « face aler au plus près du lieu ou il estait et de « cele meisme larguece dont il doit estre, en tele ma- « nière que li damaces soit rendues à cix qui terre « on prent por le quemin refere. Et li coust doivent

---

(1) *Collection* DOAT, t. LIV, p. 77.

« estre pris sor le common des marcissans qui le plus
« grant aisement ont du quemin (1). »

Il paraît qu'au temps de d'Argentré, la construction
et le déplacement des chemins devait donner lieu à une
enquête, au moins en Bretagne. « Sed et transferen-
« darum quoque viarum, dit-il, facultas scriptis tri-
« buitur, cum cuiquam nimium vicinæ sunt, et gratia
« apud principem pollet, non ante tamen quam super
« commodo et incommodo inquisitum sit ; alioqui
« quantum libet utiliter fieri dicatur nemini cuiquam
« tantum juris est ut per se aut sine decreto judicis
« regii faciat (2). »

Sous Philippe le Bel, nous trouvons sinon formulés,
du moins mis en pratique, la plupart des principes
inscrits dans nos lois d'expropriation.

Une charte du mois d'août 1313 relative à l'agrandissement du Palais, contient ce qui suit : « Cum di-
« lecti et fideles G. de Marcilliaco miles, et Gau-
« fridus Coquatricis, familiares nostri, domus Ja-
« cobi Penoche, civis nostri Parisiensis, situate in
« platea Sancti Michaelis, contigue ex uno latere

____

(1) *Coutumes de Beauvoisis,* ch. xxv, art. 13.
(2) *Coutume de Bretagne,* art. 55, note 6, § 4.

« domui que fuit Jacobi Marcelli, et ex alio domui
« dicti Penoche et a parte posteriori, domui Johan-
« nis Marcelli, in censivâ Johannis de Bagnoleto, ar-
« migeri, onerate in novem denariis fundi terre dicto
« armigero et in sex libris anni census augmentati
« Johanni de Rodolio annis singulis persolvendis,
« cujus domus sic onerate quoddam operatorium,
« Jacobus Penoche tradiderat Petro et Jacobo Mar-
« celli ad annuum et perpetuum censum sex libra-
« rum reddendarum per eos anno quolibet domino
« Johanni de Rodolio, pro annuo censu predicto, qui
« predictus census sex librarum per captionem domûs
« dictorum Petri et Jacobi Marcelli pro dicti palacii
« nostri Parisiensis ampliacione capte, dicto Johanni
« de Rodolio per nos alibi super nostros quosdam red-
« ditus dicitur assignatus, partis dicte domus dicto
« Jacobo residue quamdam partem pro nostri palacii
« Parisiensis operibus dilatandis nobis proficuam et
« necessariam auctoritate nostrâ ceperunt ; et consi-
« deratis loco et situ domûs predicte, super valore
« partis ipsius communicato consilio juratorum Pari-
« siensium et aliorum in talibus expertorum, cum
« predicto Jacobo pro predictâ parte domus ipsius, ad
« viginti quatuor libras Parisiensium, causâ proprie-

« tatis dicte partis domûs ipsius, sibi quittas et annui
« et perpetui redditus eidem Jacobo, ipsius heredibus,
« successoribus et causam habituris ab eo, annis sin-
« gulis, quatuor terminis Parisius consuetis, equis
« porcionibus solvendas, convenerunt nostro nomine et
« pro nobis, habentes a nobis super hoc speciale man-
« datum ; ita tamen quod reliqua pars dicte domûs dicto
« Jacobo residua in novem denariis racione fundi terre
« dicto Symoni debitis, anno quolibet pro predicta
« parte domus ipsius, auctoritate nostrâ, ut predicitur,
« capta, perpetuo remaneat onerata (1). »

Ce document nous a semblé particulièrement inté-
ressant en ce qu'il montre le droit d'exproprier aux
prises avec les complications féodales. On pourra consulter utilement, sur le même sujet, l'ordonnance de
Philippe le Bel à Guillaume Nogaret, concernant la
navigation de la Seine (2), et une charte d'octobre 1351,
par laquelle le roi Jean assigne à Étienne de Léon,

____

(1) *Notices et extraits des manuscrits publiés par l'Académie
des inscriptions*, t. XX, 2e partie, p. 207.

(2) *Id.* « Et cum in predictis fluminibus molendina plura esse
« videantur, provideatis quod persone et ecclesie ad quas mo-
« lendina ipsa pertinent serventur indempnes, si aliqua de dic-
« tis molendinis ex ipsis fluminibus amoveri contingat. » (Année 1301.)

chapelain de la Chapelle de Saint-Michel du Palais, à Paris, 16 livres Parisis sur la recette de Paris, jusqu'à ce qu'on lui ait donné une autre maison en remplacement de la sienne qui avait été abattue pour la construction de l'enceinte du Palais (1). Le même roi, par une charte du 28 août 1356, en faveur des habitants de Franjaux, petite ville près de Carcassonne, exempte du droit d'expropriation pour cause d'utilité publique tous les lieux sacrés; mais il permet en même temps de vendre les matériaux des maisons démolies par autorité publique, et au juge, de vendre l'emplacement qui n'aurait pas été rebâti au bout d'un an (2).

Une autre ordonnance de Philippe le Bel, rendue en l'année 1303, autorise l'expropriation d'une manière beaucoup plus générale : « Possessores posses- « sionum quas pro ecclesiis aut domibus ecclesiarum « parochialium de novo fundandis aut ampliandis in- « fra villas, non ad superfluitatem, sed ad convenien- « tem necessitatem acquiri contingit ad eas dimitten- « das pro justo pretio compelli debent (3). »

---

(1) Archives nationales. *Trésor des chartes,* K, 47, n° 13.

(2) CHAMPOLLION-FIGEAC. *Revue archéologique,* 1855, p. 480.

(3) *Ancien style du Parlement de Paris,* III, 45, § 47.

A partir de cette époque, on peut considérer le droit d'exproprier comme définitivement établi. Nous allons le voir s'exercer tantôt par des ordonnances du roi ou de ses lieutenants, tantôt par l'intermédiaire des parlements.

En 1358, Jean, comte de Poitiers, permet aux consuls et syndics de Toulouse de s'emparer des propriétés privées qui leur seront nécessaires pour toute espèce de travaux publics : « Quod consules, sindici « seu alii quicunque dictarum Universitatum et loco- « rum, qui pro bono publico, sine fraude et odio, pro « fortificatione et securitate locorum, hospicia, vel alia « ædificia, vel feuda diruerunt, predia rustica seu ur- « bana, lapides seu sementa pro dictis necessaria acce- « perunt et destruxerunt, non possint ex hoc puniri; « licet a domino nostro Rege seu alio quocunque, in « feudum vel emphiteosim teneantur : et si ex hoc « penam aliquam incurrerint, eis libere et totaliter « ipsa pena sit remissa : salvo tamen interesse pecu- « niario rationabiliter moderando et taxando illis qui « dampnificati fuerunt de predictis (1). »

Des lettres patentes du mois de mars 1470 autori-

---

(1) *Ordonnances des rois de France*, t. IV, p. 189, nº 15.

sent les échevins de la ville d'Amiens à prendre les
terrains nécessaires pour les fortifications de la ville :
« Pource que nostre dicte ville d'Amiens est assise
« au pays de frontière par quoy est besoing la repa-
« rer et fortifier, voulons et ordonnons que les maires
« et eschevins d'icelle puissent d'ores en avant, par le
« conseil de nostre bailly d'Amiens ou de son lieute-
« nant, appelé nostre procureur au dict bailliage, faire
« faire telles fortifications.... et autres telz ouvraiges
« et réparacions qu'ilz aviseront..... et que pour ce
« faire ilz puissent démolir tels édifices, et passer,
« fossoier, et traverser, en tel lieu qu'ilz verront estre
« convenable et nécessaire, sans que, pour ce faire,
« ils soient tenus prendre ne demander aucun congié
« à ceulx en la juridiction et seigneurie desquels les
« dicts ouvraiges et fortifications se feraient...... en les
« récompensant toutesvoyes raisonnablement de leur
« intérest, en argent comptant, rentes ou héritaiges à
« la tauxacion et ordonnance des dicts maires et
« eschevins (1). »

Il nous a paru utile de transcrire ces deux ordonnances, d'abord parce qu'elles concèdent le droit d'ex-

---

(1) *Ordonnances des rois de France,* t. XVII, p. 402.

proprier pour l'avenir, et ensuite parce qu'on y voit le roi déposséder à la fois le seigneur de la directe, et le vassal du domaine utile.

On trouvera dans les recueils de Maynard, d'Hévin, de Louët et Brodeau, de nombreux exemples d'expropriations prononcées par justice (1).

A l'exemple du roi, les seigneurs des grands fiefs autorisèrent souvent l'expropriation en faveur des villes placées sous leur dépendance. En 1277, Jean de Nesle, comte de Ponthieu, permet aux gens de Rue de

______

(1) Arrêt du Parlement de Toulouse, du 17 juin 1560, qui indemnise les propriétaires dépossédés pour l'agrandissement des rues; autre arrêt du Parlement de Paris, du 30 mai 1572, au profit des échevins de Paris. (MAYNARD, liv. IV, ch. XLIII, nos 6 et 8.)

Arrêts du Parlement de Paris : du 20 novembre 1584, qui ordonne à un particulier de vendre à l'église de Saint-Martin-de-Lestrée son jardin, pour accroître le cimetière ; — du 12 juillet 1612, qui condamne un diocésain à subir un retranchement de trois pieds pour l'élargissement de la rue. — Arrêt du Parlement de Toulouse, de 1606, prononçant validité d'une vente forcée au profit de l'église, encore qu'elle fût de biens de mineurs. — Arrêts du Parlement de Provence, des années 1625, 1628, 1632 et 1660, condamnant des particuliers à vendre leurs biens pour l'utilité publique. (LOUET et BRODEAU, t. I, lettre A, sommaire VI, vo *Aliénation forcée pour le bien public.*)

HÉVIN, *Arrests du Parlement de Bretagne pris des Mémoires et Plaidoyers de Séb. Frain*, no 68, p. 254. (Rennes, 1684, 2 vol. in-4o.)

faire un canal jusqu'à l'Authie, mais en leur imposant l'obligation de « faire droit envers ceux de qui tere « ils aront pris, tant que leur grés en soit fais, par « pris de bonne gent, s'autrement finer ne peuvent « par leur commun assentement. » (*Documents inédits de l'histoire de France; Monuments de l'histoire du Tiers État*, t. IV, p. 664.)

Jean, duc de Normandie, ordonne le 20 avril 1347, malgré l'opposition de l'évêque d'Amiens, la continuation des travaux de fortification autour de cette ville.

« Est ordené que lesdis fossés seront parfaiz et « achevez là où ils ont été commanciez et finez parmi « la terre dudit evesque, ainsi toutevoies que, avant « toute œvre, les domages qui ont esté et sont faiz « pour cause desdiz fossés et des régies sont prisées « et estimez bien et loyamment, et paiés par boines « personnes qui à ce seront députez de par nous à « ceuls à qui les héritages appartiennent. » (*Ibid*, t. Ier, p. 533.)

Mentionnons encore une charte curieuse donnée à l'occasion de la clôture de la ville de Montbrison, le 23 septembre 1428, par Marie de Berry, au nom de Jean Ier, son époux, duc de Bourbon et comte de Forez.

« Voulons qu'ils puissent prendre et faire trasser les

« fondements de la muraille des fossez de la dite ville
« parmi les terres, maisons, jardins, prez, vignes,
« verchères et vieilles mazures qui sont assizes sur les
« lieux où il conviendra prendre le circuit et enceinte
« de la muraille de la dite ville, pour juste et raison-
« nable prix, et sur toutes gens d'églize, nobles et
« autres bourgeois et habitants du dit lieu et pays, de
« quelque état qu'ils soient, sans contredit. Item que
« l'estimation desdites terres et possessions soit faite
« par les commissaires qui seront sur ce ordonnez,
« quatre prudhommes adjoints avec eux, appelez à ce
« les gens du conseil d'icelle ville se mestier est.
« Item que les dits exposants ayent respit de rendre et
« payer le prix de l'estimation des dites possessions
« deux ans après la perfection de la dite fortification à
« ceux auxquels les dites possessions compettent et
« appartiennent (1). »

Mais c'est surtout dans les villes du Midi qu'on
trouve l'expropriation organisée avec les garanties les
plus sérieuses dès la plus haute antiquité. Les coutumes d'Auvillar, petite ville près de Moissac, rédigées

----

(1) *Histoire des ducs de Bourbon et comtes de Forez*, par
CHANTELAUZE. Paris, 1868, t. III, p. 191, preuve 125.

pour la première fois en langue d'oc en 1279, et confir-
mées au xvᵉ siècle, portent, suivant la traduction donnée par M. Lagrèze-Fossat : « Il est de coutume, si les
« consuls reconnaissent qu'une chose serait profitable
« au seigneur et à la ville sur les places ou dans les
« rues de la communauté, et que dans un but d'amélio-
« ration il serait utile, soit dans l'intérieur de la ville
« d'Auvillar, soit au dehors, de rétrécir ou d'élargir les
« susdites places ou rues, que les susdits consuls et les
« prudhommes peuvent élargir, rétrécir ou raccourcir
« ces places, rues et chemins, comme ils le jugent con-
« venable : et s'il est nécessaire alors que la ville et le
« seigneur prennent possession d'un emplacement ,
« d'une maison ou d'un jardin, le propriétaire de cet
« immeuble, que ce soit un emplacement, une maison,
« une vigne, un jardin ou tout autre objet, est tenu, du
« moment où l'intérêt commun de la ville et des sei-
« gneurs est reconnu, de le vendre et de l'abandonner
« à la dite communauté pour le prix déterminé par les
« consuls ; et si le dit propriétaire s'y refuse, il peut y
« être contraint par le seigneur et les consuls de la dite
« ville (1). »

---

(1) *La ville, les vicomtes et la coutume d'Auvillar*, par LA-
GRÈZE-FOSSAT. Paris, 1868, art. 71.

Les statuts de la ville de Marseille au xiiiᵉ siècle ne sont pas moins explicites : « Utilitati omnium et singu-
« lorum providentes ordinamus præsenti capitulo ut
« commune Massiliæ sive aliquis nomine communis
« non cogant nec possint cogere aliquem Massiliensem
« ad vendendum aliquem honorem vel domos infra mu-
« ros Massiliæ vel extra, nisi convenerit sive concor-
« daverit primo cum domino ipsius rei de pretio, vel
« nisi saltem voluerit dare et dederit justam æstima-
« tionem ad arbitrium duorum proborum virorum vel
« æstimatorum, in quo casu commune non possit occu-
« pare dictam rem nisi de pretio vel æstimatione facta
« primo satisfactum fuerit domino dictæ rei, et hoc di-
« cimus quando pro magna necessitate et utilitate com-
« muni fierint prædicta..... addentes.... quod com-
« mune non possit compellere sive cogere aliquem
« Massiliensem vel de ejus districtu recipere debitum
« super commune quod detur forte dicto civi ab aliqua
« persona extranea vel privata. » (Liv. III, ch. iii.)

Les statuts d'Arles contiennent des dispositions ana-
logues (1).

En général les communes du Nord étaient loin

---

(1) *Statuts d'Arles,* ch. clxxxvii.

d'avoir une organisation aussi parfaite et une aussi complète indépendance. Cependant la ville de Saint-Dizier avait reçu en 1228 de Guillaume de Dampierre une charte dans laquelle il était dit (art. 66), que pour tous les cas non prévus dans la coutume locale il y aurait lieu de recourir à la coutume d'Ypres; que si cette dernière coutume était muette, les échevins de Saint-Dizier consulteraient ceux d'Ypres, et que, faute seulement par ceux-ci de répondre, le seigneur statuerait. Or, en 1348, le sire de Saint-Dizier ayant fait abattre certaines maisons, les échevins d'Ypres consultés répondirent que la nécessité de cette démolition n'ayant point été constatée par les échevins de Saint-Dizier, le seigneur devait en rembourser l'estimation « par le dit de certains jureis, quarpentiers, et mas-« sons (1). »

Lorsque le pouvoir royal s'étendit sur toute la France, ce fut au roi qu'il appartint exclusivement de prononcer l'expropriation, hormis peut-être pour les travaux d'intérêt purement local.

Les édits relatifs à la construction des canaux de Briare, du Languedoc, d'Orléans et de Givors impo-

---

(1) Les *Olim*, Appendice, p. 739, art. 47.

sent tous aux concessionnaires l'obligation d'indemniser, à dire d'experts, les propriétaires dépossédés, mais le dernier seulement parle d'indemnité préalable.

On peut croire cependant que ces prescriptions n'étaient pas toujours observées scrupuleusement, lorsqu'on voit Montesquieu se faire l'écho des plaintes de ses contemporains : « Si le magistrat politique, dit-il, « veut faire quelque édifice public, quelque nouveau « chemin, il faut qu'il indemnise : le public est à cet « égard comme un particulier qui traite avec un parti- « culier. C'est bien assez qu'il puisse contraindre un « citoyen de lui vendre son héritage, et qu'il lui ôte ce « grand privilége qu'il tient de la loi civile de ne pou- « voir être forcé d'aliéner son bien (1). »

Il appartenait à l'Assemblée constituante d'ériger en principe constitutionnel le respect de la propriété. L'article 17 de la Déclaration des Droits de l'homme est ainsi conçu : « La propriété est inviolable et sa- « crée ; nul ne peut en être privé, si ce n'est lorsque « la nécessité publique légalement constatée l'exige « évidemment, et sous la condition d'une juste et « préalable indemnité. »

____

(1) *Esprit des lois*, liv. XXVI, ch. xv.

A partir de cette époque, les diverses phases de la législation sont trop connues pour que nous ayons besoin de les retracer longuement. On sait comment les principes de la Déclaration des Droits de l'homme, consacrés par le Code civil, furent un instant oubliés avec la loi du 16 septembre 1807; comment Napoléon les rappela par la célèbre note de Schœnbrünn, qui fut comme l'exposé des motifs de la loi du 8 mars 1810; comment enfin la part trop large faite à l'autorité judiciaire par cette dernière loi fut restreinte par celle du 7 juillet 1833 à la mission de prononcer la dépossession, tandis qu'un jury spécial était chargé de régler l'indemnité.

De ce moment, le rôle des tribunaux et du jury, les formes de la procédure, les conséquences de l'expropriation sont irrévocablement fixés. La révision de 1841 n'a porté que sur des points de détail, et le sénatus-consulte du 25 décembre 1852 a modifié seulement le mode de déclaration de l'utilité publique, en substituant un décret impérial rendu en Conseil d'État à la loi ou à l'ordonnance royale exigées, suivant les cas, par la loi de 1841.

Les progrès considérables réalisés depuis 1810, la sécurité qu'inspirait la juridiction civile, et les garanties d'impartialité que présentaient les jurys spéciaux avaient fait concevoir les plus légitimes espérances. Les faits sont loin d'avoir répondu à cette attente, et l'opinion publique, qui, dans les abus chaque jour plus nombreux, n'avait d'abord voulu voir que la main de quelques hommes, commençait à comprendre que c'était dans la législation elle-même qu'il fallait chercher la cause des désordres dont elle s'était justement émue; déjà les meilleurs esprits songeaient à réclamer pour la propriété des garanties nouvelles, quand les événements politiques vinrent détourner l'attention vers des préoccupations bien autrement pressantes. Aujourd'hui qu'il faut, pour ainsi dire, reprendre en sous-œuvre toutes nos institutions ébranlées par une série de secousses sans exemple, il n'est peut-être pas hors de propos de signaler, sur ce point comme sur beaucoup d'autres, les réformes les plus urgentes à accomplir.

A notre avis, le principal défaut de nos lois d'expropriation vient de ce qu'elles se sont plutôt efforcées d'assurer aux propriétaires dépossédés un large dédommagement que de réagir contre la tendance de l'administration à mettre trop facilement en avant l'intérêt général, et qu'elles ont pu ainsi donner à penser que l'expropriation n'était de part et d'autre qu'une question d'argent. De là ces entreprises d'une utilité plus que douteuse ; de là, par contre, ces indemnités exagérées, protestations stériles des jurys en faveur du droit de propriété méconnu, et qui n'ont servi jusqu'ici qu'à attirer les spéculateurs ; de là ce gaspillage des deniers publics ; de là enfin, dans le régime de la propriété foncière, cette perturbation profonde qui a fait dire plaisamment : « Bienheureux ceux qui « possèdent, parce qu'ils seront expropriés. »

Pour mettre en relief ce côté défectueux de notre législation, l'analyse des textes serait insuffisante ; c'est à la synthèse qu'il faut demander la connaissance des principes essentiels du sujet, afin d'en étudier ensuite l'application dans les lois particulières.

CHAPITRE I

L'expropriation pour cause d'utilité publique est la transmission forcée à la société, moyennant un dédommagement équitable, d'un immeuble dont l'intérêt général réclame l'acquisition.

Nous disons d'abord que l'expropriation est forcée, et son nom même l'indique assez pour qu'il soit inutile d'insister sur ce point. Elle est donc avant tout une mesure exceptionnelle, qui doit, par conséquent, être soumise à des formes spéciales et à des conditions déterminées.

Mais, sous le bénéfice de ces garanties, elle doit donner satisfaction de la manière la plus efficace à l'intérêt général; c'est pourquoi nous disons qu'elle transmet l'immeuble à la société.

Et comme un pareil résultat ne peut être obtenu sans porter préjudice aux intérêts privés les plus respectables, il est nécessaire que les particuliers qui se trouvent atteints soient indemnisés. Aussi disons-nous que l'expropriation doit donner lieu à un dédommagement équitable.

Ainsi, à toutes les époques où l'on a cherché à réglementer l'expropriation, le législateur a eu à se proposer un triple but :

Protéger les droits privés contre tous les abus ;

Assurer à la société un pouvoir absolu sur l'immeuble ;

Indemniser aussi complètement que possible les divers intéressés.

Pour que la propriété se trouve à l'abri de toute entreprise illégitime, il importe que le droit d'exproprier soit restreint aux personnes qui ont qualité pour agir au nom de l'intérêt général, et aux cas dans lesquels cet intérêt se rencontre ; il faut, de plus, que l'exercice de l'expropriation soit entouré de formalités tutélaires destinées à sanctionner ces restrictions.

Quelles personnes ont qualité pour exproprier?

Quelles entreprises peuvent donner lieu à une expropriation ?

Dans quelle forme l'expropriation doit-elle être prononcée?

Telles sont les trois questions que nous examinerons dans le cours de ce chapitre.

SECTION I.

L'utilité publique suppose une communauté d'intérêts ; c'est donc à un être moral personnifiant une communauté qu'il appartient de se prévaloir du droit d'exproprier ; la puissance publique sortirait évidemment de son rôle si elle se mettait au service de convenances particulières. D'un autre côté, l'intérêt d'une simple association, quelque nombreuse qu'elle puisse être, ne suffirait pas pour autoriser une expropriation ; c'est la société qui garantit la propriété, c'est à son profit seulement et par elle seule qu'il doit y être porté atteinte. Enfin, l'expropriation, dont l'effet est d'attribuer un droit sur l'immeuble, ne saurait être admise que dans l'intérêt d'une communauté réunissant le double caractère de personne politique et de personne civile ; l'État, le département et la commune remplissent ces diverses conditions : l'État est l'expression la plus parfaite de la société ; le département et la commune, organisés sur le même modèle, la représentent également, quoique dans une proportion plus restreinte; tous trois ont, en outre, qualité pour acquérir : aussi la loi du 3 mai 1841 les a-t-elle expressément désignés.

Mais il ne faudrait pas, en raison d'une prétendue analogie, étendre le droit d'exproprier soit à l'arrondissement ou au canton, qui, tout en pouvant être considérés comme personnes politiques, ne sont pas des personnes civiles, soit à certains établissements publics qui peuvent bien posséder en propre, mais ne représentent pas la société.

I. — La loi des 21-26 juin 1865 a conféré, d'une manière générale, aux associations syndicales autorisées, le droit de provoquer des déclarations d'utilité publique pour l'exécution des travaux en vue desquels elles sont constituées, et d'exproprier en vertu de ces déclarations. C'est là, sans doute, une conséquence de l'idée que l'association syndicale est une sorte de petite commune. Il existe cependant entre le syndicat et la commune ces différences profondes, que la commune est une société à titre universel et l'association syndicale une société limitée à une seule entreprise, que la commune est administrée par des fonctionnaires publics, quand l'association syndicale est à peine placée sous la surveillance de l'adminis-

tration, que la commune a un domaine public et un
domaine affecté à l'usage public, tandis que l'association syndicale n'a qu'un domaine privé. Comment
donc l'association syndicale aurait-elle les mêmes
titres que la commune aux priviléges accordés par la
loi ? Est-il même bien exact que les entreprises qui
donnent lieu à ces associations présentent toutes un
caractère d'utilité publique ? Pour nous, jusque dans
celles qui, au premier abord, paraissent devoir profiter à la généralité des citoyens, nous trouvons toujours, en première ligne, un intérêt privé plus directement en jeu encore que celui de la société elle-même.
Cela est si vrai, que le but de l'association syndicale
est précisément d'exonérer l'État ou la commune de
dépenses qui profitent avant tout à des particuliers.
Dès lors, ce n'est pas à la société qu'elle est utile,
mais bien plutôt à la propriété. Or, exproprier dans
l'intérêt de la propriété, n'est-ce pas exproprier dans
un intérêt individuel et privatif ?

Ajoutons que l'association syndicale est loin d'offrir
pour les expropriés la même sécurité qu'une administration publique étrangère à toute idée de spéculation et uniquement préoccupée de l'intérêt commun,
et quand on considère l'extrême latitude laissée à

l'administration sur plusieurs points fort importants, notamment en ce qui concerne l'emploi des terrains expropriés, quand on songe qu'à cet égard la seule garantie accordée au propriétaire est le droit de rétrocession dont l'exercice est presque entièrement subordonné au bon vouloir de l'expropriant, enfin quand on envisage les conséquences de cette lacune pour les propriétaires qu'elle laisse à la merci d'un syndicat agissant pour son propre compte, on peut craindre que la législation nouvelle ne soit entrée dans une voie périlleuse.

Quoi qu'il en soit, la loi est formelle, et nous ne pouvons que nous incliner devant ses termes précis, tout en souhaitant d'en voir l'application limitée en fait, par le pouvoir exécutif, au plus petit nombre de cas possible.

II. — De ce que l'expropriation n'est admise qu'au profit de l'État, du département, de la commune et de l'association syndicale, il ne s'ensuit pas que ces différentes personnes soient tenues de l'exercer par elles-mêmes. D'après l'article 63 de la loi du 3 mai 1841, les concessionnaires de travaux publics participent à tous les droits attribués à l'administration par cette loi, et sont soumis aux mêmes obligations. Il faut cependant s'entendre sur le sens de l'article 63. Le droit d'exproprier est un attribut pour ainsi dire personnel de la puissance publique, et, à ce titre, il peut être délégué, mais non cédé. Par suite, entre les mains des tiers qui ont traité avec l'administration, ce pouvoir exceptionnel ne peut constituer qu'un mandat à fin d'acquérir, auquel il faut appliquer le principe que le mandataire acquiert pour son mandant.

Telle est, croyons-nous, la seule opinion juridique. Supposons en effet un traité par lequel un entrepreneur de travaux publics, s'obligeant à acquérir les terrains et à les disposer pour leur nouvelle destination, aurait stipulé en retour, non plus, comme il arrive d'ordinaire, une somme, ou un droit purement personnel et mobilier d'exploitation, mais l'attribution à son profit de la pleine propriété des immeubles qu'il aura pu acquérir, supposons cet entrepreneur investi en outre du droit d'exproprier, et demandons-nous quelle serait la véritable portée d'une telle convention.

Lorsque l'entrepreneur s'oblige à rendre l'administration propriétaire, celle-ci doit l'indemniser, ou en argent, ou au moyen d'une concession ; mais quand il achète et construit pour son compte, quel intérêt

trouverait-il à contracter avec l'administration, qui
n'a ni à lui vendre les terrains, puisqu'ils ne sont pas
à elle, ni à lui en garantir la propriété quand il aura
traité avec ceux auxquels ils appartiennent, puisque
cette conséquence est de droit commun, ni à lui conférer le droit de les exploiter, puisque ce droit dé-
rivera naturellement de sa qualité de propriétaire?
Son intérêt, le voici : c'est d'obtenir le droit d'acquérir, envers et contre tous, les immeubles dont il
a besoin, droit qui assure l'exécution de son entreprise et lui en garantit les bénéfices. C'est donc le
droit d'exproprier qui deviendrait ainsi le but direct
et principal de la concession, tandis que, dans l'esprit de la loi, il ne peut constituer qu'un accessoire,
une facilité donnée à l'entrepreneur pour l'exécution
de ses engagements, en un mot, la conséquence
d'un traité passé avec l'administration, et non l'objet
même de ce traité.

Nous croyons donc que les concessionnaires ne peuvent jamais acquérir par voie d'expropriation, sinon
pour le compte de l'État, des départements, des communes ou des associations syndicales.

Il n'est pas besoin d'ajouter que l'État, les départements et les communes eux-mêmes étant, relati-

vement à certains actes, assimilés aux particuliers, par exemple pour tout ce qui est relatif à leur domaine privé, il serait aussi contraire aux principes de leur accorder le droit d'étendre ce domaine par voie d'expropriation que de permettre à un simple citoyen d'exproprier à son profit personnel. Nous verrons toutefois qu'au moment où la propriété est transférée à l'expropriant, les immeubles entrent dans son domaine privé, mais seulement d'une manière temporaire, et jusqu'à ce qu'ils aient pu être affectés à leur usage définitif.

SECTION II.

Après avoir énuméré les personnes auxquelles est réservée la faculté d'exproprier, nous devons examiner, et ce n'est pas la partie la moins délicate de notre sujet, quelles sont les causes légitimes d'expropriation.

Bien que la loi du 3 mai 1841 ait négligé de définir l'utilité publique, et que, depuis le sénatus-consulte du 25 décembre 1852, le pouvoir exécutif soit devenu le seul juge des cas dans lesquels cette utilité se rencontre, il n'en existe pas moins des principes certains d'après lesquels on peut apprécier si telle ou telle entreprise présente un intérêt assez puissant pour l'emporter sur le respect d'un droit déclaré inviolable par toutes les constitutions. Mais avant d'exposer ces principes, qu'on nous permette de rappeler une fois de plus que l'expropriation est de droit étroit, qu'elle heurte de front les deux instincts les plus fortement enracinés chez l'homme, la liberté et la propriété, et que dans un pareil sujet il est plus dangereux d'étendre l'application de la loi que de la restreindre.

La Déclaration des Droits de l'homme ne permettait de toucher à la propriété que pour cause *de nécessité publique*. Le Code civil a substitué à cette expression celle *d'utilité publique*, dont s'étaient servis Pothier et Merlin, et qui a été reproduite par les lois postérieures. Cette modification dans les termes est-elle la preuve d'un changement dans la volonté du législateur ? Nous ne le croyons pas. Ni l'une ni l'autre de ces deux expressions, *nécessité publique*, *utilité publique*, n'expriment la véritable pensée de la loi. Chacune d'elles, prise au pied de la lettre, conduirait à l'un de ces résultats inverses et également inadmissibles : la première, qu'il ne faudrait avoir recours à l'expropriation qu'à la dernière extrémité ; la seconde, qu'on pourrait l'admettre dès que la société y trouverait le plus léger avantage.

La vérité, pour nous, se trouve entre ces deux extrêmes, mais plus près cependant de l'idée de nécessité que de celle d'utilité. Ce qu'il faut, à notre sens, pour justifier une entreprise qui doit porter atteinte à un droit, c'est d'abord qu'elle réponde à un de ces besoins publics auxquels l'État a le devoir de donner satisfaction, ensuite qu'on ne puisse pas raisonnablement l'exécuter sans toucher à là propriété. Nous en trouvons la preuve dans la loi du 3 mai 1841 elle-même, dans laquelle il n'est question que des entreprises qu'on peut considérer comme indispensables à la prospérité d'un pays, et pour lesquelles l'expropriation est à peu près forcée, par suite de ce que la nature même des travaux exige absolument tel emplacement, ou, tout au moins, telle direction déterminée.

Il est facile de se convaincre également que, dans l'esprit de la loi, l'expropriation devrait toujours être suivie de travaux. L'article 2 met au nombre des formalités essentielles qui doivent la précéder l'acte législatif autorisant l'exécution des *travaux*, et l'article 60, en ordonnant la rétrocession aux anciens propriétaires des terrains acquis pour des *travaux*

d'utilité publique qui n'auraient pas reçu cette destination, semble faire de l'exécution de *travaux* l'une
des conditions du droit d'exproprier. La raison en est
que les terrains doivent recevoir une destination nouvelle et subir par conséquent une véritable transfor-
mation. Si l'immeuble qui, dans son état primitif, ne
pouvait évidemment convenir qu'à un usage privé,
devait être utilisé par l'expropriant tel qu'il était
entre les mains du précédent propriétaire, c'est qu'il
aurait été exproprié dans l'intérêt privé de l'État,
ce qui, nous l'avons établi, serait contraire aux principes.

Nous regardons par conséquent comme nécessaire
qu'il y ait des travaux exécutés sur l'immeuble, et des
travaux ayant pour objet non pas une simple appropriation, mais une création véritable.

Et même, en examinant attentivement le texte de
la loi du 3 mai 1841, on peut y reconnaître l'intention
de réserver l'expropriation pour des travaux qui se
rattachent à l'ensemble d'une grande entreprise comme
celles indiquées dans l'article 3, canaux, routes, chemins de fer, bassins, docks, etc. Sans aller jusqu'à considérer cette énumération comme limitative, il est permis
de penser qu'elle met parfaitement en lumière le

but que s'est proposé le législateur à ·cette époque.

Il est vrai que depuis les limites du droit d'expropriation ont été singulièrement reculées. C'est ainsi que l'on est arrivé à exproprier un particulier pour installer dans son hôtel les bureaux d'un ministère, ou un propriétaire d'établissement thermal pour sauver l'entreprise qui périclitait entre ses mains et dont l'État a pris la suite ; c'est ainsi que nous avons vu fréquemment la décoration d'une rue ou d'une place servir de prétexte à une déclaration d'utilité publique.

Nous ne pouvons nous empêcher de protester contre ces extensions journalières d'une mesure aussi grave, et nous craignons qu'elles n'aboutissent à de grands désordres, si l'on continue à envisager l'utilité publique sous un ·aspect aussi large. En y regardant de près, l'on trouve l'État intéressé dans la plupart des actes du citoyen; l'utilité publique autoriserait donc l'ingérence perpétuelle de l'administration dans la vie privée, et, pour ne parler que de la propriété, on arriverait bientôt à l'enlever à l'individu dans l'intérêt de l'agriculture, sous prétexte qu'attribuée à un autre elle produirait davantage. Telle est pourtant la conséquence inévitable des tendances actuelles, et il faut avouer que nous nous en rapprochons singulièrement depuis qu'on autorise l'expropriation pour la construction de chemins de fer privés destinés à relier des établissements industriels à une voie ferrée, depuis surtout qu'aux termes de la loi du 21 juin 1865 la majorité des propriétaires constitués en association syndicale par le préfet peut, dans certains cas, contraindre les autres propriétaires à contribuer aux charges de l'entreprise ou à délaisser leurs terrains. Entre les prohibitions de police, les servitudes d'utilité publique, les associations syndicales et l'expropriation telle qu'on la pratique aujourd'hui, nous demandons ce qui reste de ce droit absolu de propriété dont il est question dans l'article 544 du Code civil.

Signalons encore une dernière condition qui nous paraît indispensable pour la régularité de la déclaration d'utilité publique : il faut que l'entreprise à laquelle elle se rapporte réponde à un besoin actuel. On sera toujours à temps de recourir à l'expropriation quand les éventualités prévues viendront à se réaliser. Une acquisition forcée faite en vue d'un événement futur, même certain, ne s'expliquerait donc que par une idée de spéculation complétement incompatible avec le rôle de l'administration en pareille matière.

SECTION III.

Pour terminer ce chapitre, nous avons encore à parler des diverses formalités auxquelles est subordonnée l'expropriation pour cause d'utilité publique.

La procédure d'expropriation peut se diviser en deux périodes : dans la première, le gouvernement ordonne les travaux et en détermine le tracé ; dans la seconde, l'autorité judiciaire attribue à l'État les propriétés nécessaires pour leur exécution.

I. — La première période, celle qu'on pourrait appeler *administrative,* présente elle-même deux phases successives qui aboutissent, l'une à la déclaration d'utilité publique de l'entreprise, l'autre à la désignation des immeubles à exproprier.

La déclaration d'utilité publique devait résulter, d'après l'article 3 de la loi du 3 mai 1841, d'une loi ou d'une ordonnance royale suivant la nature et l'importance des travaux. Depuis le sénatus-consulte du 25 décembre 1852, l'utilité publique est, dans tous les cas, proclamée par un décret rendu en la forme des règlements d'administration publique, c'est-à-dire en Conseil d'État.

Quant à la désignation des immeubles à acquérir,

elle est faite par un arrêté du préfet, qui a reçu dans la pratique le nom d'arrêté de cessibilité.

Chacun de ces deux actes doit être précédé d'une enquête à laquelle les particuliers sont mis en demeure de se présenter, et qui ont l'une et l'autre leur objet distinct. Avant la déclaration d'utilité publique, il ne peut être encore question que de discuter l'opportunité de l'entreprise au point de vue des intérêts généraux du pays, et c'est sur ce point que les particuliers sont appelés à donner leur avis comme citoyens et non comme propriétaires. Mais, lorsque le pouvoir exécutif, éclairé par la discussion qu'il a provoquée, a décrété le travail en connaissance de cause, il ne reste plus qu'à rechercher les moyens d'exécution les plus propres à concilier l'intérêt de la propriété avec celui de la société dont le droit vient d'être reconnu, et tel est le but de la seconde enquête.

Les formalités de l'enquête préalable à la déclaration d'utilité publique sont déterminées par les ordonnances royales des 18 février 1834 et 15 février 1835, encore en vigueur aujourd'hui ; celles de l'enquête qui doit précéder l'arrêté de cessibilité sont tracées dans la loi du 3 mai 1841 elle-même. (Art. 4 à 10, titre II.)

§ 1. Parlons d'abord de l'enquête préalable à la déclaration d'utilité publique.

Les ingénieurs dressent un avant-projet et un mémoire descriptif indiquant le but, les avantages et les moyens d'exécution de l'entreprise ; ces documents sont déposés aux chefs-lieux des arrondissements ou des départements traversés par les travaux ; le public est admis à en prendre connaissance, et à formuler ses observations sur des registres ouverts au chef-lieu pendant un temps qui ne peut être inférieur à vingt jours, ni excéder quatre mois. Ce délai expiré, une commission formée, dans chaque département, de neuf membres au moins et de treize au plus, examine les dires des parties, les contrôle au moyen des renseignements qu'elle peut se procurer, et adresse le procès-verbal de ses opérations, avec les pièces à l'appui, au préfet qui doit, dans la quinzaine, et après avoir consulté les chambres de commerce du département, transmettre le tout en même temps que son propre avis, à l'autorité supérieure.

Quand il s'agit de travaux à exécuter dans la zone militaire, la commission mixte doit être appelée à donner son opinion.

A la suite de cette enquête, et sans que le pouvoir

exécutif soit aucunement tenu d'en accepter les conclusions, intervient le décret déclaratif d'utilité publique, lequel est d'ailleurs, comme tout autre décret, susceptible d'être déféré au Conseil d'État pour excès de pouvoir, vices de forme ou violation de la loi. (Lebon, 1856, 224.)

§ 2. Aussitôt le décret rendu, un arrêté du préfet désigne les localités et territoires sur lesquels les travaux doivent avoir lieu, quand cette désignation ne résulte pas de l'acte déclaratif d'utilité publique. Les ingénieurs ou autres gens de l'art chargés de l'exécution des travaux lèvent, pour la partie qui s'étend sur chaque commune, et conformément aux indications du projet arrêté par l'administration supérieure à la suite de la première enquête, le plan parcellaire des terrains ou édifices dont la cession leur paraît nécessaire. (L. du 3 mai 1841, art. 4.)

Le plan desdites propriétés particulières, indicatif des noms de chaque propriétaire tels qu'ils sont inscrits sur la matrice des rôles, reste déposé pendant huit jours à la mairie de la commune où les propriétés sont situées, afin que chacun puisse en prendre connaissance. (Art. 5.)

Il a été reconnu, dans la discussion de la loi, que

ce délai devait être franc (*Moniteur*, 1841, p. 508) ; il ne court qu'à dater de l'avertissement qui est donné collectivement aux parties intéressées de prendre communication du plan. Cet avertissement est publié à son de trompe ou de caisse dans la commune, et affiché tant à la principale porte de l'église du lieu qu'à celle de la maison commune ; il est en outre inséré dans l'un des journaux de l'arrondissement ou du département. (Art. 6.)

L'avertissement collectif est indispensable ; il ne saurait être remplacé par un avertissement individuel, puisque le propriétaire inscrit à la matrice des rôles est seul connu de l'administration, et que si une erreur avait été commise dans les indications de la matrice, le véritable propriétaire pourrait n'être pas averti. (S. 1845, I, 746.)

Le maire certifie les publications et affiches ; il mentionne sur un procès-verbal qu'il ouvre à cet effet et que les parties qui comparaissent sont requises de signer, les déclarations et réclamations qui lui ont été faites verbalement ; il y annexe ensuite celles qui lui sont transmises par écrit. (Art. 7.)

A l'expiration du délai de huitaine prescrit par l'article 5, une commission se réunit au chef-lieu de la sous-préfecture. Cette commission, présidée par le sous-préfet de l'arrondissement, est composée de quatre membres du conseil général ou du conseil d'arrondissement désignés par le préfet, du maire de la commune où les propriétés sont situées, et de l'un des ingénieurs chargés de l'exécution des travaux. Les propriétaires qu'il s'agit d'exproprier ne peuvent être appelés à faire partie de la commission. (Art. 8.)

La commission reçoit pendant huit jours les observations des propriétaires; elle les appelle toutes les fois qu'elle le juge convenable; elle donne son avis; ses opérations doivent être terminées dans le délai de dix jours, après quoi le procès-verbal est adressé immédiatement par le sous-préfet au préfet; dans le cas où les opérations n'auraient pas été mises à fin dans ce délai, le sous-préfet doit, dans les trois jours, transmettre au préfet son procès-verbal avec les documents recueillis. (Art. 9.)

Si la commission propose quelque changement au tracé indiqué par les ingénieurs, le sous-préfet est tenu d'en donner avis, dans la forme indiquée à l'article 6, aux propriétaires que ces changements peuvent intéresser. Pendant huitaine, à dater de cet avertissement, le procès-verbal et les pièces doivent rester déposés à la sous-préfecture ; les parties intéressées peuvent en prendre communication sans déplacement et sans frais, et fournir leurs observations écrites. Dans les trois jours suivants, le sous-préfet transmet toutes ces pièces à la préfecture. (Art. 10.)

Le préfet surseoit jusqu'à ce qu'il ait été prononcé par l'administration supérieure, qui peut, suivant les circonstances, ou statuer définitivement, ou ordonner qu'il soit procédé de nouveau à tout ou partie des formalités. (Art. 11.)

Lorsque la commission n'a proposé aucun changement au tracé ou lorsque l'administration supérieure a statué sur les changements proposés, le préfet, sur le vu du procès-verbal et des documents y annexés, détermine, par un arrêté motivé, les propriétés qui doivent être cédées, et indique l'époque à laquelle il sera nécessaire d'en prendre possession. (Art. 11.) Cet arrêté doit contenir les noms des propriétaires et l'indication des propriétés, conformément aux indications de la matrice des rôles.

Les règles que nous venons d'exposer subissent, dans certains cas, quelques modifications de détail. Ainsi, lorsqu'il s'agit des travaux de la Guerre ou de la Marine, les deux enquêtes sont supprimées, et le

décret d'utilité publique détermine les propriétés à
exproprier. (Art. 75.) **En matière de chemins vici-**
naux, de même que pour les travaux d'intérêt purement communal, l'utilité publique est déclarée par un
simple arrêté préfectoral pris en conseil de préfecture.
(Loi du 21 mai 1836, art. 16; — Loi du 3 mai 1841,
art. 12.)

II. — Lorsque les propriétés nécessaires aux travaux ont été désignées, l'administration s'adresse aux
tribunaux pour faire prononcer l'expropriation, et alors
commence la période *judiciaire* de la procédure.

Le préfet transmet, au ministère public près le tribunal dans l'arrondissement duquel les biens sont
situés, les pièces qui constatent l'accomplissement des
formalités prescrites par l'article 2 du titre Ier et par
le titre II de la loi du 3 mai 1841. (Art. 13, § 6.)

Le tribunal, sur la réquisition du ministère public,
et au vu des pièces qui constatent que ces formalités
ont été remplies, rend le jugement d'expropriation, et
commet un de ses membres pour diriger les opérations
du jury qui sera chargé d'évaluer l'indemnité. (Art. 15.)

Le jugement est publié et affiché par extrait dans
la commune de la situation des biens; il est, en outre,
inséré dans l'un des journaux de l'arrondissement.

Cet extrait, contenant les noms des propriétaires, les motifs et le dispositif du jugement, leur est notifié au domicile qu'ils doivent élire dans l'arrondissement de la situation des biens par une déclaration faite à la mairie de la commune où les biens sont situés; dans le cas où cette élection de domicile n'aurait pas eu lieu, la notification de l'extrait est faite en double copie au maire et au fermier, locataire, gardien ou régisseur de la propriété. (Art. 15.)

Le jugement doit être, immédiatement après l'accomplissement des formalités de publication, transcrit au bureau de la conservation des hypothèques de l'arrondissement. (Art. 15.)

Il ne peut être attaqué que par la voie du recours en cassation, et seulement pour excès de pouvoir, incompétence ou vices de forme. (Art. 20.)

III. — Au point de vue spécial où nous sommes placé, ces détails n'offrent qu'un intérêt fort restreint. Ce qu'il importe de faire ressortir, c'est l'esprit général de la procédure que nous venons d'analyser, et surtout la portée véritable de cette règle inscrite en tête de la loi : l'expropriation s'opère par autorité de justice.

Les lois de 1833 et 1841 avaient trouvé dans le

concours des trois pouvoirs législatif, exécutif et judiciaire, la garantie que réclamait impérieusement le respect de la propriété ; elles avaient chargé le pouvoir législatif d'autoriser le recours à l'expropriation, le pouvoir exécutif de désigner les immeubles que la mesure devait atteindre, le pouvoir judiciaire de prononcer la dépossession.

L'immixtion du pouvoir législatif dans la procédure d'expropriation avait été vivement attaquée à plusieurs époques ; beaucoup l'avaient signalée comme un empiétement des assemblées sur les prérogatives du gouvernement, et la plupart des auteurs ont salué comme un retour aux véritables principes le sénatus-consulte du 25 décembre 1852 qui a décidé que tous les travaux d'utilité publique seraient à l'avenir ordonnés par décret rendu en Conseil d'État, l'intervention des chambres demeurant néanmoins indispensable pour l'allocation des crédits nécessaires à l'exécution de l'entreprise. (De Lalleau et Jousselin, nº 65 ; — Delamarre et de Peyronny, nº 119 ; — Duvergier, 1852, p. 773.)

Pour nous, nous croyons sans doute que le pouvoir exécutif a seul le droit de décider de l'opportunité d'un travail public, d'en ordonner l'entreprise, d'en déterminer la direction ; mais nous croyons, non moins fermement, que le vote des moyens d'exécution appartient exclusivement au pouvoir parlementaire, et ce point se trouve expressément reconnu, en ce qui concerne les crédits, par le sénatus-consulte du 25 décembre 1852 lui-même ; dès lors, s'il est de principe que le pouvoir exécutif est forcé de s'adresser aux chambres quand il a besoin d'argent pour l'exécution d'une entreprise d'utilité générale, et si cette obligation ne porte aucune atteinte aux attributions du gouvernement en matière de travaux publics, nous ne voyons pas ce qu'il y aurait d'inconstitutionnel à ce que la même obligation lui fût imposée, quand pour ces mêmes entreprises d'utilité publique il est dans la nécessité de recourir à la voie extraordinaire de l'expropriation.

Or, il nous semble que le but de la loi du 3 mai 1841 n'était précisément de subordonner l'exécution des travaux publics à la sanction des chambres, qu'autant que ces travaux devaient entraîner une atteinte à la propriété. Il est vrai que les termes un peu trop généraux du texte peuvent prêter à l'équivoque dont on a profité en 1852 pour réclamer l'abrogation de l'article 3 ; mais il suffisait, pour pénétrer leur véritable

sens, de les rapprocher de l'article 2 qui en restreint
singulièrement la portée. En effet, cet article ayant
rangé parmi les formalités essentielles de l'expropriation la loi ou l'ordonnance royale qui autorise les travaux *pour lesquels l'expropriation est requise*, l'article 3, en spécifiant dans quel cas une loi est nécessaire,
dans quel cas une ordonnance suffit, ne pouvait avoir
en vue que la loi ou l'ordonnance même dont il venait
d'être question, c'est-à-dire celle qui autorise les travaux *pour lesquels l'expropriation est requise*. Pourquoi d'ailleurs la loi du 3 mai 1841, spéciale à l'expropriation, aurait-elle entendu disposer pour d'autres
cas que ceux dans lesquels l'expropriation est mise
en œuvre ?

On pourrait objecter encore que le droit laissé au
gouvernement par l'article 3, de décréter seul certains travaux de moindre importance, alors même
qu'ils doivent entraîner une expropriation, semble en
contradiction avec la pensée que nous prêtons à la
loi ; mais il faut remarquer que ce fut là une concession faite au pouvoir, une sorte de transaction entre
la chambre et les ministres, et que l'auteur de la
proposition qui est devenue l'article 3 de la loi du
7 juillet 1833 transcrit sous le même numéro dans celle

du 3 mai 1841, aurait voulu, comme en Angleterre, une loi pour toute espèce de travaux.

Et même, en admettant que l'article 3 eût véritablement le sens trop général qu'on a voulu lui prêter, il suffisait de le ramener à son interprétation la plus naturelle, celle que nous venons d'indiquer, et, sur ce terrain, il était à l'abri de tout reproche ; car on nous accordera bien que, réduite aux seuls cas où l'expropriation doit avoir lieu, la nécessité d'un vote législatif offrait aux particuliers la sécurité d'une discussion publique dans deux assemblées, sécurité bien supérieure à celle d'une délibération à huis clos dans un conseil du gouvernement quelque indépendant qu'on le suppose, quand il s'agira d'apprécier la valeur des objections présentées à l'enquête.

Quant à la désignation des propriétés à acquérir, c'est là au premier chef un acte d'administration, et nous voyons d'autant moins d'inconvénients à ce qu'elle soit faite par un arrêté préfectoral, que les tribunaux ont le devoir d'en contrôler la régularité.

Nous ferons cependant remarquer que la compétence judiciaire étant exceptionnelle en cette matière, les magistrats doivent se renfermer strictement dans les attributions que la loi leur confère. Or, d'après l'article 14 de la loi du 3 mai 1841, les pièces à produire au tribunal sont celles qui constatent l'accomplissement des formalités prescrites par l'article 2 et le titre II de cette loi, et qui consistent dans la déclaration d'utilité publique, dans la désignation des localités ou territoires traversés par les travaux, enfin dans l'arrêté de cessibilité rendu après enquête. D'où il résulte que les juges doivent se borner à reconnaître l'accomplissement régulier de ces formalités, ce qui ne veut pas dire, d'ailleurs, que leur examen doive porter seulement sur la régularité matérielle de chacun de ces actes pris isolément. Sans admettre, en effet, que l'autorité judiciaire puisse se faire juge du mérite de l'entreprise, sans lui permettre de recommencer l'enquête, il faut bien, puisque c'est un contrôle dont elle est chargée, lui laisser les moyens de l'exercer d'une manière sérieuse. Nous croyons donc que les tribunaux ont le droit de s'assurer que les termes de l'arrêté de cessibilité concordent bien tant avec la désignation des localités ou territoires qu'avec la déclaration d'utilité publique, et de vérifier si chacun des immeubles dont l'expropriation est requise a été compris dans les publications d'enquête. (Cass., 2 janvier 1844 ; — Cass., 23 juin 1832.)

Cette vérification n'est possible qu'au moyen de l'inspection du plan parcellaire. La production de cette pièce nous paraît donc essentielle. Mentionnons encore le certificat du maire attestant le dépôt du plan et les publications, un exemplaire du journal dans lequel les insertions ont été faites, et le procès-verbal des opérations de la commission.

L'enquête administrative qui doit précéder la déclaration d'utilité publique n'est pas soumise au contrôle des tribunaux ; elle a été, en effet, formellement exceptée par les chambres qui s'en étaient réservé l'examen, en sorte que, depuis le sénatus-consulte du 25 décembre 1852, l'article 3 de la loi n'a plus aucune sanction. (S. 43, I, 68 ; — Lebon, 1849, p. 290.)

Comme on le voit, la mission du tribunal se borne à donner l'exequatur à l'arrêté de cessibilité, après en avoir reconnu la régularité au point de vue de la forme ; par suite, on est arrivé dans la pratique à considérer comme certaine l'expropriation de tous les terrains compris dans cet arrêté. Si donc, après avoir désigné un immeuble comme nécessaire à des travaux d'utilité publique, l'administration négligeait ensuite de faire rendre le jugement d'expropriation. le propriétaire verrait son immeuble déprécié avant de pouvoir réclamer aucun dédommagement. On s'est ému de cet inconvénient en 1841, et l'on a cru parvenir à y remédier en décidant que si, dans l'année de l'arrêté de cessibilité, l'administration n'avait pas poursuivi l'expropriation, tout propriétaire dont les terrains seraient compris audit arrêté pourrait présenter requête au tribunal, lequel, ainsi qu'il a été expliqué à la chambre, devrait réclamer les pièces au préfet, et, dans les trois jours de leur réception, rendre le jugement d'expropriation, en désignant le magistrat directeur du jury. (Art. 14, § 2.)

C'est là, il faut en convenir, une garantie à peu près illusoire contre la mauvaise volonté de l'administration. En premier lieu, le mode de publication de l'arrêté de cessibilité n'ayant été nulle part fixé par la loi, et cette publication n'étant même pas prescrite d'une manière formelle, il sera souvent fort difficile de déterminer le point de départ du délai après lequel le propriétaire pourra agir. De plus, le tribunal, qui ne peut statuer qu'au vu des pièces, n'a aucun moyen de contraindre le préfet à les produire. Enfin, comme l'expropriation ne saurait être prononcée contre le gré de l'État en faveur de qui elle est établie, l'administration a toujours le droit de se soustraire à l'action du propriétaire en déclarant qu'elle renonce à l'arrêté de cessibilité, ce qui n'empêche nullement le préfet de désigner de nouveau les mêmes terrains comme devant être expropriés, et de replacer ainsi les particuliers dans la position fàcheuse à laquelle la loi a voulu les soustraire. (*Moniteur*, 1841, p. 519.)

N'aurait-il pas été beaucoup plus simple, du moment que l'on redoutait le mauvais vouloir de l'administration, d'exiger une nouvelle déclaration d'utilité publique, toutes les fois que la loi ordonnant les travaux pour lesquels l'expropriation est requise n'aurait pas été suivie d'un jugement dans un délai déterminé, délai qui serait plus ou moins étendu, suivant que l'enquête aurait ou non amené des modifications au projet primitif ?

Quoi qu'il en soit, comme il s'agit d'appliquer la loi et non de la refaire, nous nous bornerons à rechercher à quelles personnes est accordé le bénéfice de l'article 14, § 2. La loi ne parle que du propriétaire, mais ce n'est pas le seul auquel il importe de connaître sans aucun retard le parti qui sera pris par rapport à l'immeuble. La menace d'expropriation résultant de l'arrêté de cessibilité est également préjudiciable à l'usufruitier et au locataire. Faut-il s'attacher rigou-

reusement à la lettre de l'article 14, § 2, ou bien est-il
permis d'en étendre les dispositions par voie d'analogie? Il est assez difficile d'arriver sur ce point à une
solution satisfaisante. En faveur de l'interprétation la
plus rigoureuse, on allègue le caractère tout spécial du
droit qui nous occupe, et le danger qu'il y aurait d'accorder à tous les intéressés l'initiative d'une mesure
qui doit dépouiller. le propriétaire. Mais ne pourrait-
on pas répondre que le but de la loi est de prévenir
un préjudice, et que l'incertitude est au moins aussi
fâcheuse pour le locataire et pour l'usufruitier que
pour le propriétaire. Et d'ailleurs, de quoi s'agit-il en
somme? De mettre l'administration en demeure de se
prononcer. Si donc le préfet, qui peut arrêter l'action
en tout état de cause en rapportant son arrêté, laisse
rendre le jugement, c'est que, dans les projets de
l'administration, l'expropriation de l'immeuble était
résolue en principe, et dès lors, quiconque aura pris
les devants n'aura fait que hâter, dans l'intérêt de tous,
un événement inévitable. Si, au contraire, l'administration renonce à ses projets, les choses sont remises
au même état qu'avant ; dans l'un comme dans l'autre
cas, personne n'a donc à se plaindre de l'intervention
de l'un des coïntéressés.

Nous serions assez porté pour notre part à adopter le second système ; peut-être, cependant, serait-il plus prudent de s'en tenir aux termes mêmes du texte, d'abord parce qu'il résulte des discussions législatives, que l'on n'a jamais eu en vue que le propriétaire (*Moniteur,* 1841, p. 519), ensuite parce qu'il pourrait fort bien arriver que le propriétaire et le locataire eussent un intérêt opposé, le premier, par exemple, à laisser les choses indéfiniment en suspens, l'autre, à voir la question résolue le plus promptement possible. (D. 57, I, 127 ; — S. 57, I, 769 ; — *Gaz.,* 14 juin 1860.)

Une particularité fort remarquable du jugement d'expropriation, c'est qu'il n'est pas rendu contradictoirement entre l'État et les propriétaires. « L'administration, disait M. Martin du Nord à la chambre des « députés, ne voit que la chose dont elle veut s'emparer, et il lui importe peu qu'elle appartienne à tel « ou tel propriétaire. » (27 janvier 1833.) L'indication, dans l'arrêté de cessibilité, dans les publications et dans le jugement, du nom de l'individu inscrit comme propriétaire sur les rôles de la matrice cadastrale n'est qu'une manière plus précise de désigner l'immeuble, et non une mise en cause du propriétaire que l'administration est absolument dispensée d'appeler devant le tribunal. (*Moniteur*, 1841, p. 517.)

La raison d'être de cette anomalie nous apparaîtra mieux quand nous connaîtrons les conséquences de l'expropriation ; nous allons en aborder l'étude dans la seconde partie de notre division générale.

Nous consacrerons deux chapitres à envisager ces conséquences tant en elles-mêmes que par rapport aux droits établis sur l'immeuble, et deux autres chapitres à rechercher comment et quand elles se produisent.

CHAPITRE II

L'expropriation une fois reconnue légitime et prononcée suivant les formes que nous avons énumérées, il importe que ses effets répondent complétement aux exigences de l'intérêt général. Or, d'après ce que nous en savons, les entreprises qui peuvent motiver une déclaration d'utilité publique nécessitent une affectation entière et définitive de l'immeuble à sa destination nouvelle. Le but de l'expropriation ne peut donc être atteint qu'à la double condition :

1° Que le droit attribué à la société sur la propriété privée soit, en lui-même, assez étendu pour comprendre, dans la limite des besoins publics, tous les services dont la chose est susceptible, et assez durable pour qu'aucun événement ultérieur ne vienne la distraire de sa destination ;

2° Que ce droit s'exerce dans toute sa plénitude, et

pour cela que les autres droits qui pourraient le restreindre ou lui faire obstacle, s'y réunissent ou disparaissent.

Nous développerons la première de ces deux propositions dans le présent chapitre ; mais, auparavant, nous tenons à faire remarquer combien il importe aujourd'hui de se faire une idée juste de l'expropriation. En effet, tandis que la loi du 16 septembre 1807 avait prévu, depuis la simple dégradation jusqu'à l'éviction totale, toutes les hypothèses dans lesquelles l'exécution des travaux publics peut porter atteinte aux droits des propriétaires, et avait permis à l'administration d'occuper à titre définitif ou provisoire les terrains et bâtiments à sa convenance, sans autre formalité que le payement ultérieur d'une indemnité à fixer par les conseils de préfecture, les lois des 8 mars 1810, 7 juillet 1833 et 3 mai 1841, beaucoup moins générales, ont établi, mais seulement pour la plus grave de ces atteintes, l'expropriation, à laquelle elles se réfèrent expressément, des garanties plus sérieuses, consistant dans l'intervention de la justice pour prononcer la dépossession, et d'un jury spécial pour régler l'indemnité, les autres sacrifices imposés à la propriété dans l'intérêt général restant soumis à la législation antérieure.

Pour résoudre les difficultés nombreuses auxquelles donne lieu l'application de ces lois différentes, nous écarterons d'abord certains actes de l'administration, qui, malgré une apparente analogie avec l'expropriation, en diffèrent essentiellement, parce qu'ils ne s'attaquent pas à la propriété privée; nous distinguerons ensuite, parmi les atteintes portées à la propriété, celles qui réunissent les caractères de durée et d'étendue sans lesquels il n'y a pas d'expropriation; enfin, quand nous aurons reconnu par ce moyen le droit que l'expropriation doit conférer à la société, nous rechercherons dans quelles conditions il se rencontre.

SECTION I.

En premier lieu, il est bien évident que l'expropriation ne s'applique point aux choses qui sont hors du commerce.

I.—Par application de ce principe, le Conseil d'État a décidé que la pente des cours d'eau ne pouvant faire l'objet d'une propriété, la suppression de la force motrice résultant de l'emploi de cette pente, ne constituait qu'un simple dommage (13 août 1851 ; — 28 mai 1852); et la juridiction administrative revendique la connaissance de ce dommage lors même qu'il se produit accessoirement à l'expropriation d'une usine et que le jury est appelé à statuer, de ce dernier chef, sur l'indemnité due au propriétaire. (D. 58, III, 65.)

Mais la Cour de cassation est entrée dans une voie contraire ; et, d'après sa jurisprudence, la suppression de la force motrice d'une rivière, même navigable, serait une expropriation, dans le cas, bien entendu, où les moulins et usines auraient été établis antérieurement à l'ordonnance de 1566. (*Gaz.*, 22 mai 1855; D. 65, I, 256).

La résiliation anticipée de la concession faite au profit d'un particulier d'un immeuble du domaine public, un chemin de fer ou un canal par exemple, ne devrait pas non plus être considérée comme une expropriation, bien qu'elle pût, dans certains cas, donner lieu à une indemnité. L'objet d'une pareille concession, en effet, est uniquement le droit personnel et mobilier de percevoir, pendant un certain temps, les produits de l'exploitation. (Proudhon, *Dom. publ.*, I, 211.) Mais, par contre, toute concession qui devrait être considérée comme constitutive d'un droit de propriété au profit du concessionnaire, ne pourrait être résiliée que dans les formes tracées par la loi du 3 mai 1841. (D. 65, I, 256.)

II. — On a demandé souvent si l'expropriation pouvait atteindre le domaine public inaliénable et imprescriptible.

La plupart des auteurs répondent négativement ; car, disent-ils, l'expropriation est une atteinte à la propriété, et le domaine public n'est pas susceptible de propriété. (C. 538.)

Telle est aussi notre conclusion ; cependant il ne faudrait pas l'entendre en ce sens qu'une fois réuni au domaine public, un immeuble n'en pourrait jamais sortir par suite d'une expropriation. Si le domaine public, envisagé d'une manière abstraite, est absolument inaliénable, il n'en est pas de même des divers éléments dont il se compose, considérés individuellement. Ceux-ci, sans doute, tant que dure leur incorporation dans le domaine public, participent à son inaliénabilité ; mais l'inaliénabilité du domaine public n'étant que la conséquence d'une destination spéciale doit cesser avec cette destination qu'il dépend toujours de la puissance exécutive de modifier.

Or, comme il n'y aurait aucune raison d'exproprier une chose qui se trouve déjà affectée à un usage public pour lui conserver la même destination, et comme, d'un autre côté tout, changement d'état, en ôtant à la chose son caractère public, lève du même coup l'obstacle qui s'opposait à ce qu'elle pût être expropriée, il s'ensuit que, par rapport à l'expropriation, la règle de l'inaliénabilité du domaine public est sans application pratique.

En effet, quand même l'immeuble ne devrait sortir d'un domaine public que pour entrer dans un autre, pour passer, par exemple, du domaine public national dans le domaine public municipal ou départemental, l'expropriation n'aurait d'utilité que s'il devait y recevoir une destination différente, un simple classement suffisant pour le cas contraire ; et alors, entre le moment où cet immeuble perdrait son affectation primitive et celui où il aurait pu être approprié à sa fonction nouvelle, on trouverait forcément un intervalle pendant lequel, faute de servir à un usage public, il serait rentré dans le commerce.

Le seul point qui offre quelque difficulté, et nous n'avons pas à nous en préoccuper ici, est de savoir si le décret d'expropriation, lorsqu'il s'applique à un immeuble du domaine public, emporte déclassement.

Ce que nous avons dit jusqu'ici ne concerne que le domaine public artificiel, c'est-à-dire celui qui est une création de l'industrie humaine ; quant au domaine public naturel, dont l'inaliénabilité est indépendante du fait ou de la volonté de l'homme, parce qu'elle résulte d'une cause purement physique et qu'elle ne peut cesser qu'avec cette cause, c'est moins la loi que la nature elle-même qui s'oppose à ce que les portions du territoire placées dans ces conditions soient l'objet d'une expropriation, puisqu'à les supposer même aliénables en droit, elles seraient, en fait, impropres à tout autre usage que celui auquel elles se trouvent assujetties.

Il suit de là que non-seulement le domaine public naturel ne peut pas être exproprié, mais encore qu'il n'est pas susceptible de s'accroître par voie d'expropriation ; c'est la nature elle-même qui se charge d'en fixer les limites. « Flumina, dit Pomponius, censito- « rum vice funguntur ut ex privato in publicum addi- « cant, et ex publico in privatum. » (Loi 30, § 3, *de Acq. rer. dom.*) Aussi, tandis que, d'après l'article 15 de la loi du 21 mai 1836, les arrêtés des préfets portant reconnaissance et fixation de la largeur des chemins vicinaux *attribuent* définitivement au chemin le sol compris dans les limites qu'ils déterminent, les arrêtés portant délimitation du lit des fleuves et des rivages

8

de la mer sont censés reconnaître purement et simplement le fait de la domanialité.

M. Aucoc a fort bien fait ressortir la portée du pouvoir de l'administration en cette matière : « On l'a-
« perçoit clairement, dit-il, si l'on se reporte au texte
« qui est le fond de la jurisprudence ; c'est du droit et
« du devoir de conserver les chemins, rivières et au-
« tres choses communes que vient le droit de délimiter
« les chemins, rivières, etc., donc l'administration
« n'a que le pouvoir de constater un fait.

« Quand l'administration fixe, pour le présent, les
« limites d'un fleuve ou de la mer, elle se borne à
« constater un fait qui de sa nature est variable. Il est
« possible que des droits privés se soient constitués
« sur un terrain actuellement compris dans les limi-
« tes du domaine public ; la délimitation ne doit pas
« faire obstacle à ce que ces droits soient reconnus ;
« ils le seront par l'autorité judiciaire ; seulement
« cette reconnaissance des droits ne donne pas lieu
« à un maintien en possession ; elle ne pourra aboutir
« qu'à la liquidation d'une indemnité.

« Assurément on pourrait dire que l'administration
« se bornant à constater un fait, l'État n'a pas d'in-
« demnité à donner aux propriétaires des terrains qui

« se trouvent envahis par les eaux. Toutefois, la limite
« du rivage de la mer et celle du lit des fleuves cons-
« tituent, en quelque sorte, un maximum dans lequel
« les eaux se meuvent et qu'elles atteignent rarement
« dans le cours de l'année, en sorte que le plus sou-
« vent les terrains qui avoisinent cette limite ne sont
« presque jamais occupés par le service public. Il peut
« donc sembler équitable que dans le cas où l'admi-
« nistration exige le maximum de ses droits, elle in-
« demnise les propriétaires dépossédés, non par elle,
« mais par les eaux, surtout si ces propriétaires te-
« naient leurs droits de concessions anciennes éma-
« nées de l'administration elle-même.

« L'administration a également le droit de recon-
« naître les limites anciennes d'un fleuve, de la mer;
« de dire que de tout temps telle portion de terrain a
« fait partie du lit du fleuve, du rivage de la mer.
« Mais ici, la reconnaissance étant faite dans le passé,
« il devient impossible aux propriétaires d'établir leur
« propriété devant l'autorité judiciaire, à moins qu'ils
« ne justifient que les droits leur ont été constitués
« avant l'époque où le domaine public est devenu im-
« prescriptible. » (Rapport au Conseil d'Etat dans
l'affaire du canal de Bouc à Martigues, *Droit* du

18 janvier 1867 ; — Voir les arrêts conformes du Conseil d'Etat des 15 décembre 1866, 13 mars 1868.)

La Cour de cassation, qui s'était d'abord prononcée en sens contraire, paraît depuis quelques années s'être ralliée à cette jurisprudence. (Req., 18 juin 1866.)

III. — Nous arrivons à une question difficile. On sait que les mines, en raison du grand intérêt public qui s'attache à leur bonne exploitation, doivent toujours être concédées par l'État, et que cette concession peut être faite à un autre qu'au propriétaire de la surface. Faut-il y voir, le cas échéant, une atteinte portée à la propriété ?

On admet généralement que, jusqu'à la concession qui en est faite par l'État, les mines appartiennent, en vertu de l'article 552 du Code civil, au propriétaire du sol. Dès lors, la concession d'une mine à un autre que ce propriétaire serait une éviction pour cause d'utilité générale.

Et cependant la loi du 21 avril 1810, qui est encore aujourd'hui la base de la législation en cette matière, a considéré si peu comme une expropriation la concession d'une mine à un autre qu'au propriétaire du sol, qu'elle ne l'a pas soumise aux règles qui venaient d'être tracées, un mois auparavant, par la loi du

8 mars 1810, et auxquelles elle n'a pas manqué de se référer pour la dépossession d'une mine concédée.

Le législateur se serait-il donc arrêté devant cette considération que la concession d'une mine, bien qu'elle dépossède les citoyens, ne donne rien à l'Etat?

Pour notre part, nous serions plutôt porté à croire que le motif de la différence établie entre les mines concédées et celles non concédées, est que la loi du 21 avril 1810 a placé les mines hors du commerce jusqu'à leur concession.

A l'époque où l'article 552 du Code civil vint consacrer dans notre législation moderne le principe romain que la propriété du sol emporte celle du dessus et du dessous, ce principe avait été, en ce qui concerne les mines, l'objet des plus vives critiques. Mirabeau, notamment, s'était élevé avec force, à l'Assemblée constituante, contre le système qui voulait faire de la propriété souterraine une dépendance de la propriété superficiaire, et prolonger au-dessous du sol les divisions établies à la surface. Une pratique de quelques années suffit pour donner raison au grand orateur, et le gouvernement impérial, en présentant la loi du 21 avril 1810, reconnaissait, par l'organe du rapporteur, la nécessité de modifier le régime de la propriété souterraine.

Or, laisser la propriété des mines entre les mains du maître du sol en se contentant de la réglementer, c'était rester dans les termes de l'article 552 ; c'était, par conséquent, perpétuer l'état de choses auquel on voulait mettre un terme.

Attribuer la propriété des mines à l'Etat était plus conforme au but qu'on se proposait, mais c'était déroger trop ouvertement aux dispositions encore récentes du Code civil.

Il ne restait dès lors qu'un parti à prendre : séparer les mines de la surface, de telle sorte que leur concession ne pût être considérée que comme la création d'une propriété nouvelle, et non comme la translation d'une propriété déjà existante ; voyons donc si tel n'est pas, en effet, le véritable sens de la loi du 21 avril 1810.

Art. 5. « Les mines ne peuvent être exploitées « qu'en vertu d'un acte de concession délibéré en « Conseil d'Etat. »

Art. 7. « Il (l'acte de concession) *donne la pro-* « *priété* perpétuelle de la mine, laquelle est *dès lors* « *disponible et transmissible*, comme tous autres « biens, et dont on ne peut être exproprié que dans les

« cas et selon les formes prescrites pour les autres
« propriétés. »

Art. 19. « Du moment qu'une mine sera concédée,
« *même au propriétaire de la surface*, cette propriété
« sera distinguée de celle de la surface et désormais
« considérée comme propriété nouvelle, sur laquelle
« de nouvelles hypothèques peuvent être assises. »

Comment donc le propriétaire du sol serait-il, avant
la concession, propriétaire de la mine, quand il n'a ni
le droit d'en jouir (art. 5), ni le droit d'en disposer
(art. 7), ni le droit de l'hypothéquer (art. 19)? Et s'il
faut une concession pour en *donner* la propriété aussi
bien à lui qu'à tout autre, n'est-ce pas parce qu'auparavant personne n'en était propriétaire?

Sans doute, jusqu'à la découverte du filon métallique, le droit du propriétaire de la surface est censé
se prolonger indéfiniment au-dessous du sol; mais ce
n'est là qu'une supposition qui cesse dès que l'existence de la mine est constatée. Il importe peu que jusque-là ce propriétaire ait pu légitimement faire, en
profondeur, toute espèce d'actes de propriété, et même
extraire accidentellement des substances minérales,
puisqu'il ne lui a jamais été permis de les exploiter
comme mine.

Il est encore vrai que l'article 6 de la loi du 21 avril 1810, en lui accordant un droit sur le produit des mines concédées à un étranger sous son terrain, peut donner à penser que la concession le prive d'une portion quelconque de sa propriété, mais il nous semble que ce droit doit être considéré comme un dédommagement de l'obligation où il se trouvera désormais de respecter une propriété nouvelle, inopinément constituée dans des conditions toujours gênantes pour lui ; nous croyons surtout que cette satisfaction lui a été donnée pour dissimuler la modification profonde qu'on apportait au régime ancien, naguère encore consacré par le Code, et pour prévenir les récriminations que ne manquent jamais de soulever d'aussi brusques revirements de la législation.

Peu importe donc qu'après avoir posé le principe, le législateur ait reculé devant quelques-unes de ses conséquences ; le principe n'en subsiste pas moins, et il en est de cette indemnité comme de celles qui sont la conséquence de la délimitation du domaine public.

Telle paraît être également l'opinion de MM. de Lalleau et Jousselin. (N° 332.) (Voir encore le *Traité des Servitudes d'utilité publique* de M. Jousselin, t. II, p. 8.)

SECTION II.

Nous avons dit que l'expropriation ne devait s'entendre que des atteintes portées à la propriété, et encore de celles-là seulement qui permettent à l'Etat de consacrer l'immeuble d'une manière complète et durable à l'usage que réclame l'intérêt général.

Cette seconde règle va nous donner la solution de plusieurs difficultés.

I. — On s'est demandé notamment ce qu'il fallait décider quand l'administration, pour l'exécution de ses travaux, se trouve amenée soit à dégrader des terrains ou bâtiments, soit à les occuper pendant un temps plus ou moins long.

Tous les auteurs reconnaissent aujourd'hui que les simples dommages causés à la propriété par l'exécution des travaux publics ne constituent pas une expropriation, et la distinction que les travaux civils avaient essayé d'établir entre les dommages permanents et les dommages temporaires, a été repoussée, avec grande raison, suivant nous, par le Conseil d'Etat, le tribunal des conflits et la Cour de cassation. (Conseil d'Etat, 17 mai 1844, 17 décembre 1847, 14 fév. 1849, 27 fév.

1849; — Conflits, 29 mars, 3 avril, 8 mai 1850; — Cass., 29 mars 1852, 14 août 1854; — S. 52, I, 410; 55, I, 142; — de Lalleau, n° 152.)

L'occupation d'une propriété pour cause d'utilité publique n'est pas, à notre avis, une expropriation; cependant la jurisprudence est loin d'être fixée sur ce point, et les auteurs prétendent expliquer ses variations au moyen d'une distinction qu'elle aurait faite entre les occupations *temporaires, indéfinies* et *définitives*.

En admettant pour un instant cette distinction, l'on remarque que toutes les juridictions sont d'accord pour attribuer au jury d'expropriation la fixation des indemnités en matière d'occupation définitive. (S. 51, I, 190; — Ord. cont., 3 mai 1839; — Ord. s. conflit, 1ᵉʳ février 1844; — Décr. cont., 28 mars 1852.) Après un assez long débat au sujet des occupations temporaires, la Cour de cassation les réclamant pour la compétence judiciaire, et le Conseil d'État pour la compétence administrative, il a été reconnu qu'elles étaient du ressort des conseils de préfecture. (S. 52, I, 410.) Quant aux occupations indéfinies, le Conseil d'État a tantôt renvoyé au jury la fixation des indemnités auxquelles elles peuvent donner lieu, et tantôt attribué leur règlement aux tribunaux administratifs. (6 décembre 1844; 5 septembre 1836; 25 août 1841; 20 avril 1835; 10 avril 1848.)

Cette théorie et la distinction sur laquelle elle repose ne sont pas satisfaisantes. En effet, si l'occupation rentre dans la classe des simples dommages, pourquoi faire fixer l'indemnité par le jury dont la compétence exceptionnelle doit être restreinte aux cas d'expropriation? Si, au contraire, l'occupation peut, dans certaines circonstances, constituer une expropriation véritable, pourquoi restreindre les garanties accordées à la propriété par la loi du 3 mai 1841, en dispensant l'administration d'un décret d'utilité publique et d'un jugement d'expropriation?

Quant à nous, il nous paraît impossible d'assimiler en aucun cas l'occupation à l'expropriation, par ce motif que l'occupation n'enlève pas aux particuliers la propriété, et que dès lors il ne peut y avoir place pour ce droit direct et complet que l'expropriation doit conférer à l'État. En vain a-t-on voulu prétendre que l'occupation fait perdre au propriétaire pendant un temps plus ou moins long la jouissance qui est une partie essentielle de la propriété. (S. 38, I, 456; 39, II, 470; 41, II, 257.) Ce système, qui aurait eu pour conséquence de faire disparaître toute différence entre

l'expropriation et le dommage, a échoué définitivement.
(S. 52, I, 410 ; 55, I, 142.) Quelle que soit, en effet, sa
durée, l'occupation nuit seulement à l'exercice du droit
de propriété, mais elle n'enlève au propriétaire aucune
partie de ce droit, puisque si elle vient à cesser, il
rentre par ce seul fait dans la plénitude de sa jouissance sans avoir besoin de rien réacquérir. (De Lalleau,
n° 151.)

Nous n'admettons par conséquent aucune distinction
entre les occupations temporaires et les occupations
indéfinies. Quant à l'occupation que l'on qualifie de
définitive, elle n'est pas une occupation, mais une incorporation de fait au domaine public, légale et dès lors
constituant une expropriation particulière quand l'administration se trouve dispensée par une loi des formalités préalables à la prise de possession ; illégale
et par conséquent complétement étrangère à l'expropriation quand l'administration, sans être dispensée
de ces formalités, a négligé de les accomplir.

Ces exemples nous montrent combien est relativement restreinte la sphère d'application de la loi du 3 mai
1841. On en donne pour raison la règle de la séparation des pouvoirs et les difficultés insurmontables que
rencontrerait l'administration, si les moindres travaux

devaient être précédés d'un décret, d'un arrêté et d'une enquête. Il n'en est pas moins vrai que toutes les fois que la puissance publique s'attaque à la propriété, elle se place par là même sur le terrain du droit privé ; aussi, tout en comprenant parfaitement que la loi dispensât certains travaux d'une déclaration d'utilité publique et d'un jugement, l'on pourrait au moins désirer que la même juridiction fût chargée de statuer sur tous les dédommagements dus par l'administration à des propriétaires, aussi bien à ceux qui sont momentanément troublés dans leur jouissance qu'à ceux qui sont complétement dépossédés. Pour notre part, nous n'y verrions ni entraves pour l'administration, ni empiétement de l'autorité judiciaire sur les prérogatives du pouvoir exécutif, puisqu'il ne s'agirait jamais que de déterminer les conséquences d'un fait accompli, et non de s'opposer à son accomplissement.

Voici donc un second point acquis au débat, c'est qu'aucune des atteintes portées à la propriété ne tombe sous le coup des lois d'expropriation, tant qu'elle ne va pas jusqu'à l'éviction totale du propriétaire.

Or, comme il est de la nature de la propriété de ne prendre fin qu'avec la chose même sur laquelle elle est établie, et que jusque-là elle ne peut que se transmettre et non s'éteindre, il en résulte qu'étant enlevée à l'individu, elle doit du même coup être transférée à l'État ; ainsi, ce même droit qui, au pouvoir d'un particulier, rendait impossible toute affectation de l'immeuble à un usage public, devient, entre les mains de la société, le moyen le plus efficace de consacrer cet immeuble à sa destination, puisqu'il contient le pouvoir de jouir et de disposer de la manière la plus absolue. (C. 545.) « Le projet de loi, disait M. Ribout, « rapporteur de la loi du 8 mars 1810 au Corps légis- « latif, a pour but de concilier l'intérêt général et « l'intérêt particulier lorsque la remise de quelque « propriété devient nécessaire pour l'utilité publique, « et d'établir les règles justes d'après lesquelles sa « cession volontaire ou forcée doit être effectuée. En « ce dernier cas, il s'agit d'opérer envers l'administra- « tion la transmission légale et authentique de cette « propriété, c'est-à-dire d'en exproprier celui auquel « elle appartient. » (Locré, IX, p. 744.) La même idée se trouve exprimée dans le rapport de la loi du 15 juillet 1845, sur la police des chemins de fer (*Moniteur*, 1844, p. 840) ; elle ressort de l'article 545 du Code civil, des termes mêmes de la loi du 3 mai 1841, et la jurispru- dence l'a depuis longtemps consacrée comme un prin-

cipe. (Lebon, 1842, p. 297 ; — D. 1854, I, 344 ; —
1861, III,] 9.)

SECTION III.

I. — Ces prémisses posées, il ne s'agit plus que de
reconnaître le droit de propriété sous les formes mul-
tiples dont on l'a revêtu. En effet, après avoir partagé
le sol d'abord en surface, puis en profondeur, on en est
venu à diviser le droit lui-même en démembrements
correspondant à chacun des attributs qui le composent,
et ces diverses fractions forment autant de propriétés
partielles ou restreintes auxquelles l'expropriation peut
et doit s'appliquer. Il en est ainsi des droits de superficie et de tréfonds ; l'administration ne pourrait donc
faire autrement que s'adresser à la justice pour se les
faire attribuer. Et cela est vrai, lors même qu'il ne
s'agirait que de démolir des constructions sans rien
entreprendre sur la propriété du sol ; nous en trouvons
la preuve dans la loi du 15 juillet 1845, qui ordonne
la démolition des bâtiments situés à une certaine dis-
tance des voies ferrées ; on peut citer encore la loi du
22 juin 1854 sur les magasins à poudre. Ces lois, sans
obliger l'État à obtenir de la justice l'autorisation

de démolir, précaution qui serait inutile, puisque la nécessité de cette mesure résulte de la situation topographique de l'immeuble, se réfèrent à la loi du 3 mai 1841 pour la fixation et le payement de l'indemnité, qui, dès lors, doit être réglée par le jury et acquittée préalablement à toute prise de possession.

MM. de Lalleau et Jousselin (n° 184) estiment que ces dispositions ont étendu la compétence du jury en dehors des cas d'expropriation. Nous croyons au contraire que les lois précitées ont fait une juste application des principes. Autre chose, en effet, est la destruction involontaire d'un bâtiment occasionnée accidentellement par l'exécution d'un travail public, et qui n'est évidemment qu'un simple dommage, autre chose est une démolition faite de dessein prémédité, et qui, si elle était ordonnée par l'administration sans pouvoirs suffisants, exposerait l'Etat à de graves responsabilités. Le droit de détruire un édifice n'appartient évidemment qu'au propriétaire, et par conséquent l'Etat ne peut faire procéder à la démolition qu'après s'être rendu acquéreur, à l'amiable ou par expropriation, sinon de tout l'immeuble, au moins des constructions qui, comme on le sait, peuvent former une propriété distincte de celle du sol. Il en serait de même si, au lieu de nécessiter la destruction totale d'un bâtiment, l'exécution des travaux forçait simplement à en démolir un étage, à le *déraser*, par exemple, pour livrer passage au contre-poids de la volée d'un pont tournant. (D. 61, III, 9.) En vain l'on dirait que les constructions vendues pour être démolies sont réputées meubles, et que les meubles ne sont pas susceptibles d'être expropriés; nous répondrions que des constructions ne peuvent changer ainsi de nature sans le consentement du propriétaire, et que, dans l'espèce, aucune disposition de la loi n'attribuant la propriété, l'Etat ne devient propriétaire qu'à partir du moment où il a payé son prix.

II. — Ce que nous avons dit des droits de tréfonds et de superficie s'applique également aux démembrements de la propriété. Soit que l'État veuille acquérir sur l'immeuble d'un particulier l'un de ces droits, soit qu'étant lui-même propriétaire il cherche à réunir entre ses mains toutes les fractions détachées de son domaine, il y aura mutation immobilière, et par conséquent expropriation.

Quels sont donc les démembrements de la propriété? Grave problème, qui a divisé tous les auteurs, et que nous nous voyons forcé de résoudre à notre tour.

§ 1. Tout le monde s'accorde à considérer comme des démembrements de la propriété l'usufruit, l'usage et l'habitation ; nous pourrons donc, en ce qui les concerne, nous dispenser d'un examen approfondi. Aussi bien la question n'a-t-elle à notre point de vue qu'une importance fort restreinte, ces droits étant trop bornés dans leur exercice, et surtout dans leur durée pour suffire aux exigences de l'utilité publique. Cependant il pourra arriver qu'un immeuble de l'État grevé d'usufruit ou d'usage au profit d'un particulier devienne nécessaire pour une entreprise d'intérêt général, ce qui forcera l'administration à faire résoudre immédiatement le droit de l'usager ou de l'usufruitier. Cette extinction prématurée serait à notre avis une expropriation, et ne pourrait avoir lieu que dans les formes tracées par la loi du 3 mai 1841.

§ 2. Le doute commence avec les servitudes. MM. de Lalleau et Jousselin, après avoir posé en principe que les servitudes ne sont que des charges qui n'entraînent aucune cession du fonds lui-même, principe qui leur paraît tellement incontestable qu'ils se contentent de l'affirmer sans l'établir (n° 154), en tirent cette conséquence que ni la suppression d'une servitude active profitant à un particulier, ni la création d'une servitude passive sur une propriété privée ne constitue une expropriation.

Si ces auteurs ont entendu parler de toutes les servitudes sans exception, y compris celles du droit civil, le principe sur lequel ils s'appuient et qu'ils supposent universellement reconnu est contredit par des autorités considérables ; si, au contraire, ils n'ont eu en vue que les servitudes dites d'utilité publique, nous ne pouvons nous empêcher, tout en adoptant leur conclusion, de trouver l'expression dont ils se servent trop générale, et de plus assez peu exacte.

En effet, d'après la plupart des jurisconsultes, c'est par une extension abusive que la dénomination de servitude a pu être appliquée à des charges actives ou passives autres que celles établies entre particuliers. En ce qui concerne celles qui sont instituées dans un intérêt de police et de sûreté générale, elles forment le droit commun de la propriété tel qu'il est constitué par les lois et règlements. (C. 544.) Nous croyons donc que les charges résultant du voisinage d'une place de guerre, d'un chemin de fer, d'un cimetière, d'un magasin à poudre, ne sont pas des démembrements de la propriété, et que par conséquent elles peuvent être établies sans expropriation, à moins qu'elles n'entraînent, comme nous l'avons vu, la démolition de constructions déjà existantes. (D. 45, III, 100 ; — Cons. d'État, 21 décembre 1825 ; 15 juin 1832 ; 7 avril 1835 ; 14 août 1852 ; — Demolombe, XI, n° 8.)

Les droits et obligations des riverains d'une route, d'un fleuve, d'un canal et autres dépendances du domaine public, ne nous paraissent pas non plus constituer, activement ou passivement, de véritables servitudes ; car le domaine public, qui n'est pas susceptible de propriété privée, ne peut être considéré, dans ses rapports avec les héritages voisins, ni comme fonds dominant, ni comme fonds servant. C'est pour cela que les droits d'issue, de jour et d'égout sur une voie publique ou sur une rivière navigable ont pu être supprimés sans donner lieu qu'à un simple dommage réglé par les conseils de préfecture. C'est encore pour la même raison que le chemin de halage n'a jamais été considéré comme une servitude. (Cons. d'État, 22 janvier 1823 ; 4 juillet 1827 ; 25 août 1835 ; 2 janvier 1838 ; 25 août 1841 ; 15 juin 1842 ; 17 mai 1844 ; — *Gaz.*, 14 février 1862 ; — Demolombe XII, n° 700.)

En est-il de même des servitudes du droit civil ?

Deux opinions sont en présence. L'une range les servitudes parmi les démembrements de la propriété, parce qu'elles restreignent pour le propriétaire le droit de disposer de sa chose. L'autre, s'appuyant sur ce que le Code donne le nom de charges aux servitudes (art. 637), et les déclare éteintes par trente ans de non-usage (art. 706, 707), soutient au contraire que la servitude est seulement une qualité bonne ou mauvaise des héritages, qui ne confère à celui auquel elle est attribuée aucune portion du domaine, et qui, lorsqu'elle prend fin, s'éteint purement et simplement, comme une dette de l'immeuble, sans que la propriété du fonds servant en soit augmentée.

Aucun de ces deux systèmes, à vrai dire, ne nous satisfait complétement. Ils n'ont, l'un et l'autre, envisagé dans la servitude que la charge, comme si, pour discerner la véritable nature d'un droit, il ne fallait pas s'attacher plutôt aux avantages qu'il procure à ceux qui en profitent, qu'aux inconvénients qu'il occasionne à ceux qui le subissent. A s'en tenir à ce dernier aspect, tous les droits qui entravent entre les mains du propriétaire le pouvoir de disposer seraient des démembrements de la propriété dans la première opinion, tandis qu'aucun ne mériterait ce

titre dans la seconde. En effet, abstraction faite de la
pleine propriété qui, n'étant une charge pour personne, peut s'exercer librement sur la chose sans
rencontrer jamais d'autres droits sur sa route, il
n'existe, à proprement parler, aucun droit purement
réel. L'usufruit et l'usage eux-mêmes, bien qu'ils
donnent naissance à une action directe contre l'immeuble, ne présentent point ce caractère de réalité
parfaite, en ce qu'étant établis sur la propriété d'autrui, ils constituent pour le propriétaire un assujet-
tissement, et créent, par contre-coup, des rapports de
droit entre personnes.

C'est donc au point de vue du propriétaire dominant, et non par rapport au propriétaire servant qu'il
faut juger la servitude. Ceci posé, qu'est-ce qu'un
démembrement de la propriété, sinon un droit contenu
en substance dans la propriété, et s'exerçant sans intermédiaire sur la chose d'autrui? Or, tel est, précisément, pour le propriétaire dominant, l'effet de la
servitude, puisqu'elle lui confère un droit réel, et par
conséquent direct, sur un immeuble dont il n'est pas
propriétaire, et que, d'autre part, ce droit consiste
dans l'attribution à son profit, comme maître d'un
héritage, de l'un des services de l'héritage voisin,

services dont l'ensemble forme la pleine propriété. (C. 526, 637.)

Que si nous considérons maintenant la servitude dans son objet, elle nous apparaîtra, non comme l'établissement d'un service nouveau imposé à l'immeuble, mais comme une répartition nouvelle des services auxquels cet immeuble se trouvait et se trouvera toujours assujetti, en vertu du droit de propriété auquel il ne peut se soustraire.

Etant donné, enfin, que la servitude engendre, comme l'usage et l'usufruit, l'action en revendication, apanage et signe distinctif du domaine, il faudra bien la ranger parmi les démembrements de la propriété, non parce qu'elle restreint ce droit, mais parce qu'elle déplace un des attributs qui le composent. (L. 6, Dig., *Si servitus vindicetur*.)

Et puisqu'il en est ainsi, on doit dire, et à plus forte raison, de la servitude, ce que nous avons dit de la propriété, qu'elle ne s'éteint pas, mais qu'elle se transmet; autrement la reconstitution de la propriété deviendrait impossible, par suite de la suppression de l'un de ses éléments essentiels.

L'extinction d'une servitude est donc, par la force même des choses, tout à fait différente de celle d'une

obligation ; car, tandis que l'obligation est complètement anéantie, la servitude retourne à la propriété
dont elle avait été détachée. Sans doute elle ne con-
servera plus le nom spécial qu'elle avait reçu lors de
cette séparation ; sans doute elle ne s'exercera plus de
la même manière, mais elle n'en existera pas moins
entre les mains du propriétaire, bien que confondue
désormais dans le faisceau des droits réels qui forment
la propriété.

Dès lors, quand le Code civil a déclaré la servitude
éteinte par la seule inaction de l'ayant droit, il l'a
envisagée seulement sous l'un de ses aspects, c'est-à-
dire par son côté onéreux ; mais il n'a pu empêcher
que cette extinction ne fût une source d'acquisition
indirecte pour le propriétaire du fonds servant, qui,
non-seulement voit son immeuble affranchi d'un service foncier envers l'héritage voisin, mais recouvre
le droit de profiter seul de toute l'utilité de sa chose.

En résumé, la servitude n'est que le droit de propriété s'exerçant dans des conditions spéciales, ou, suivant l'expression de Pothier, « l'héritage d'autrui, con-
« sidéré comme nous appartenant à certains égards. »
(*Des Choses*, § 2.) Par conséquent il y a acquisition
pour le propriétaire dominant quand elle s'établit,

comme pour le propriétaire servant au moment où elle cesse, et par suite expropriation quand l'administration impose une servitude du droit civil, comme quand elle s'en affranchit. C'est du reste ce qui a été reconnu par plusieurs décisions. (Cons. d'Etat, Lebon, 1859, 107; 19 déc. 1831; — Cass., *Droit* du 13 déc. 1863; — Cass., *Gaz.*, 18 janv. 1865; — S. 60, I, 267; 62, II, 141.)

§ 3. La question de savoir si l'hypothèque est un démembrement de la propriété a soulevé de graves controverses. Pour nous, nous n'hésitons pas à nous prononcer avec M. Demolombe pour la négative, parce que l'hypothèque entrave bien plutôt l'exercice du droit de propriété qu'elle ne divise ce droit lui-même. Sans doute elle est pour le propriétaire une charge réelle comme la servitude, mais elle n'attribue au créancier aucune des prérogatives du domaine, aucun des services du fonds qu'il puisse revendiquer comme sien, puisque dans son action contre l'immeuble, à la différence du propriétaire dominant et de l'usufruitier, il peut toujours être arrêté par un payement. L'Etat aura dès lors un moyen facile de couper court aux prétentions des créanciers hypothécaires en les remboursant, ce qui pour nous rend superflue, quant à présent, toute discussion sur la nature de l'hypothèque.

Il faut en dire autant de l'antichrèse.

§ 4. Quant au bail, loin d'être une restriction du droit de propriété, c'est un mode d'exercice de ce droit, et ceux-là mêmes qui l'ont considéré comme un droit réel n'ont jamais été jusqu'à en faire un démembrement du domaine. (Troplong, *du Louage*, n° 6.) Ainsi le droit de bail ne peut être ni conféré ni résolu par voie d'expropriation principale. Il est vrai que le bail, comme tous les engagements dont l'immeuble a pu être l'objet, se trouvera atteint par la transmission forcée à l'État pour cause d'utilité publique de la propriété de cet immeuble, et la position du locataire ainsi troublé dans sa jouissance a pu paraître assez intéressante pour qu'on lui accordât, dans ce cas, le droit de faire régler accessoirement son indemnité par le jury ; mais il ne faut pas en conclure que l'expropriation puisse jamais s'appliquer au bail en lui-même. (S. 55, I, 113 ; — D. 61, I, 417.)

Il n'y a donc aucune analogie à établir entre l'expropriation et la location forcée imposée, pour les besoins des communes, aux propriétaires des halles, marchés, salles de spectacle, etc., dans certains cas prévus par des lois particulières. En effet, bien qu'en vertu de ces locations les communes se trouvent profiter seules de tous les usages auxquels peuvent servir les bâtiments ainsi occupés, la propriété n'est pas déplacée. C'est ce que le Conseil d'État a fini par reconnaître après quelques hésitations. (20 juin 1836; 21 août 1840; 10 mars 1843; 15 septembre 1843.)

Pour ce qui est de s'affranchir par voie d'expropriation de l'obligation d'entretenir les baux par lui consentis, l'expropriant ne peut y prétendre, puisque le bail n'est susceptible d'être atteint qu'indirectement par la transmission forcée de l'immeuble lui-même, et que l'État ne peut exproprier un immeuble qui lui appartient déjà. Le gouvernement aurait trop beau jeu, en vérité, si, comme paraît l'admettre la Cour de cassation, les engagements contractés par lui avec les particuliers restaient toujours subordonnés aux exigences de l'intérêt public dont l'administration est seul et souverain appréciateur. On trouvera peut-être bizarre que l'État puisse rencontrer plus de difficultés pour reprendre la jouissance de sa propriété que pour s'emparer de la propriété d'autrui; nous ne voyons pas cependant, à moins de considérer le bail comme un démembrement de la propriété, comment on pourrait décider autrement la question.

Hâtons-nous, du reste, d'ajouter que, soit à cause

de la durée restreinte de toute location, soit parce qu'il est généralement facile de s'arranger avec un locataire, soit enfin grâce à la précaution que prend toujours la régie de stipuler à son profit le droit de résiliation à bref délai lorsqu'elle afferme les biens du domaine, l'État sera dans la plupart des cas en mesure de recouvrer sa liberté d'action.

§ 5. En ce qui concerne l'emphytéose, nous croyons, avec M. Demolombe (*de la Distinction des biens*, t. Iᵉʳ, n° 491), qu'elle n'a pas été conservée dans notre législation moderne ; mais les emphytéoses, qui ayant été établies antérieurement à la promulgation du Code civil subsistent encore, devraient, à notre avis, être considérées comme des démembrements de propriété sujets à expropriation. C'est ce qui semble résulter d'un arrêt de la Cour de cassation du 1ᵉʳ avril 1868 rapporté dans le *Droit* du 2 avril, seule décision, à notre connaissance, qui ait réglé les conséquences de l'expropriation par rapport au bail emphytéotique.

Ainsi, parmi les droits dont un immeuble est l'objet, quelques-uns seulement donnent prise à l'expropriation : la propriété d'abord, parce qu'elle répond pleinement à ce que demande l'utilité publique, et ensuite les fractions de la propriété, parce qu'elles peuvent être érigées en autant de propriétés partielles. Est-ce donc à dire qu'il n'y aura d'atteints que les droits auxquels l'expropriation s'adressera directement, en sorte que, d'une part, l'État ne pourrait jamais avoir raison de ceux auxquels nous avons vu qu'elle n'est point applicable, et que d'autre part, il se trouverait obligé de conquérir un à un ceux qui sont susceptibles d'être expropriés? Oui, si l'expropriation comme la vente forcée à laquelle on l'a comparée fréquemment ne devait conférer à la société que les pouvoirs d'un simple propriétaire, et c'est ce que nous allons recher-cher dans le chapitre III.

CHAPITRE III

« Une vente, dit Hervé, suppose un consentement
« de la part du vendeur, et, dans le cas d'utilité publi-
« que, le consentement du propriétaire est fort indif-
« férent, parce que, toujours, c'est malgré lui qu'il
« abandonne la chose. Lorsqu'il y a deux intérêts en
« concurrence, le plus petit doit céder au plus grand,
« par la seule raison que celui-ci est le plus pressant.
« Or, tel est toujours l'intérêt public vis-à-vis de l'in-
« térêt particulier. Dans le cas d'utilité publique, c'est
« donc user de son droit que de disposer de la chose
« d'un particulier; ce n'est pas traiter avec lui; ce
« n'est pas acheter de lui; si on lui paye la valeur de
« cette chose, c'est à titre d'indemnité et non à titre
« de vente. Cette indemnité lui est due parce que
« l'intérêt qu'il a d'être indemnisé et l'intérêt que le
« public a de disposer de sa propriété sont deux inté-
« rêts conciliables, mais rien ne lui est dû comme prix
« d'une vente ou d'une convention volontaire et synal-

« lagmatique.» (*Théorie des matières féodales,* t. III,
p. 33.)

Tenons donc pour un principe fondamental en cette
matière que les droits de l'expropriant lui viennent de
la loi et nullement de l'exproprié. Comment d'ailleurs
en pourrait-il être autrement? A supposer l'État réduit
à se procurer par quelqu'un des modes d'acquérir du
droit commun les terrains qui lui sont nécessaires, non-
seulement le refus du propriétaire serait un obstacle
insurmontable, mais son consentement même ne pourrait transférer la propriété que dans les conditions où
elle se trouve entre ses mains, c'est-à-dire, dans bien
des cas, diminuée par la concession d'un droit réel,
parfois soumise à des chances de résolution, et presque toujours affectée pour un temps plus ou moins
long à une location qu'un acquéreur ordinaire eût été
tenu de respecter.

Ainsi morcelée ou assujettie, la propriété était im-
propre à toute destination d'utilité publique. A moins
donc d'obliger l'administration à rechercher et à interpeller individuellement tous les prétendants droits, il
fallait faire de l'expropriation quelque chose de plus
qu'un contrat qui ne se forme que par le consentement mutuel, quelque chose de plus même qu'une

sentence judiciaire qui supplée bien le consentement, mais seulement entre parties en cause; il fallait que, par un effet absolu et opposable à tous, elle réunît les lambeaux épars de la propriété et effaçât toutes les charges qui en auraient contrarié l'exercice, pour l'attribuer d'un seul coup au domaine public, reconstituée et affranchie.

Dès lors, et une fois la porte ouverte à l'expropriation, l'influence de cet acte ne pouvait manquer de s'étendre non-seulement aux droits dont l'établissement ou la suppression doit procurer à l'État quelque chose du domaine, mais encore à ceux que nous avons reconnus n'être pas, par eux-mêmes, susceptibles d'être expropriés : aux premiers parce qu'ils sont nécessaires à l'expropriant, aux seconds parce qu'ils ne pourraient subsister sans lui créer des obstacles.

Et cependant, à ce point de vue même, la distinction que nous avons posée dans le chapitre qui précède ne cesse pas d'avoir son importance; car tout autre est la situation des droits qui peuvent servir de but à l'expropriation, tout autre le sort de ceux qu'elle n'atteint, pour ainsi dire, que d'une manière détournée. Les démembrements du domaine, soit que l'administration n'en ait en vue qu'un seul, soit qu'elle le comprenne tous dans une revendication générale, passent du patrimoine des particuliers dans celui de l'État, tantôt transmis isolément, tantôt simultanément entraînés dans le déplacement de la propriété; réunis sur une même tête, ils sont attribués en bloc à l'expropriant; dispersés, ils viennent, par une sorte de phénomène d'attraction, se concentrer entre ses mains, et par leur concours ils reconstituent le domaine. Les autres droits, au contraire, ceux dont l'effet est seulement d'entraver la libre disposition de l'immeuble, disparaissent devant la propriété au lieu de s'y confondre, et par leur extinction ils l'affranchissent.

Étudions séparément ces deux effets exceptionnels de l'expropriation, nous parlerons ensuite des conséquences qui lui sont communes avec les aliénations ordinaires.

SECTION I.

« Les actions en résolution, en revendication, et
« toutes autres actions réelles, ne pourront arrêter l'ex-
« propriation ni en empêcher l'effet. Le droit des récla-
« mants sera transporté sur le prix, et l'immeuble en
« demeurera affranchi. » (L. du 3 mai 1841, art. 18.)

Ce texte, en décidant que l'expropriation doit suivre son cours nonobstant toute action réelle, consacre la reconstitution de la propriété par la réunion instantanée de tous les éléments qui la composent.

On peut, en effet, diviser les actions réelles en trois catégories, suivant qu'elles ont pour point de départ un droit de propriété, un droit de possession ou un droit d'hypothèque. Écartons d'abord les actions possessoires, qui sont, comme nous le verrons plus tard, soumises en cette matière à des règles spéciales, et les actions hypothécaires sur lesquelles il est statué par l'article 17 de la loi; restent les actions qui procèdent du droit de propriété, et qui peuvent toutes être ramenées à l'action en revendication; telles sont les actions confessoire, négatoire, en bornage ou en partage, sortes de revendications restreintes, et l'action en résolution, qui, en réintégrant l'ancien propriétaire, lui permet de revendiquer la chose contre son successeur. Or, comme le demandeur en revendication ne peut réclamer que la restitution en nature, soit de l'immeuble, soit des services de l'immeuble, dire que l'action en revendication ne doit pas arrêter l'expropriation, c'est dire que la restitution en nature est devenue impossible, que l'action est éteinte. Et voilà en quel

sens l'immeuble est affranchi, non pas, comme le dit
l'article 18, du droit des réclamants, car les droits dont
la somme forme la pleine propriété et qui se mani-
festent par l'action en revendication se perpétuent
autant que l'immeuble lui-même, mais affranchi, ce
qui est bien différent, de toute revendication de la
part des anciens propriétaires, usufruitiers et autres.

Et du moment que ces particuliers n'ont plus de
droits que sur le prix de l'immeuble, c'est qu'à leur
action en revendication est substituée une action en indemnité, ou, en d'autres termes, que le droit de propriété est remplacé pour eux par un droit de créance.

Tel nous paraît être le véritable sens de l'article 18
malgré sa rédaction assez peu précise, et les explica-
tions données à la tribune lors de la première discussion de la loi ne laissent aucun doute à cet égard. On
sait, d'ailleurs, qu'il ne faut pas demander une correc-
tion bien rigoureuse aux dispositions qui, comme celle
dont nous nous occupons en ce moment, sont le résultat
d'amendements improvisés au cours des débats légis-
latifs ; et nous devons encore nous féliciter qu'au prix
de quelques imperfections de forme on ait pu remédier
à temps au silence complet qu'avait gardé sur ces
importantes questions le projet présenté en 1833 par

le gouvernement à la chambre des députés. (*Moniteur*, 1833, p. 295.)

Ainsi l'expropriation a pour première conséquence de faire passer l'immeuble, en pleine propriété, du patrimoine des particuliers dans le domaine de l'Etat.

Beaucoup d'auteurs disent *dans le domaine public*, et nous-même avons employé plusieurs fois cette expression. Il n'en faudrait pas conclure que l'expropriation ait pour effet de rendre l'immeuble imprescriptible et inaliénable, de le mettre, en un mot, hors du commerce. M. Ducrocq, dans son *Traité des ventes domaniales*, a parfaitement montré ce que cette idée aurait d'inexact. En dehors du domaine public *naturel*, auquel nous avons vu que l'expropriation ne peut rien ajouter, l'inaliénabilité des biens du domaine public ne résulte que de certaines destinations déterminées par la loi, et beaucoup plus restreintes que les destinations d'utilité publique avec lesquelles il faudrait bien se garder de les confondre. C'est ainsi, par exemple, que les docks, pour la construction desquels la loi du 3 mai 1841 autorise expressément l'expropriation, ne font pas partie du domaine public; il n'est donc pas permis de supposer que les terrains destinés à recevoir ces magasins soient jamais hors du commerce. Et même, en ce qui concerne les immeubles qui doivent, après expropriation, faire partie du domaine public, encore faut-il attendre qu'ils y soient effectivement réunis pour leur accorder les priviléges de la domanialité, car ce ne sont pas les parcelles acquises pour la construction des routes, mais les routes elles-mêmes que l'article 538 du Code range dans le domaine public, et la meilleure preuve qu'on en puisse donner, c'est que ceux des terrains expropriés qui n'ont pas été utilisés, sont revendus sans déclassement préalable.

Pour résumer en quelques mots la situation, après l'expropriation, des droits qui forment la propriété, nous pouvons donc dire qu'ils sont, par rapport à l'immeuble maintenus, par rapport à l'État transmis, et enfin, par rapport aux particuliers, convertis en créances.

SECTION II.

Après cette analyse succincte des effets translatifs de l'expropriation, venons à ses effets extinctifs et libératoires, et pour les mieux apprécier, passons en revue les différents droits, tant réels que personnels, qui peuvent se trouver ainsi atteints.

I. — Les droits réels qui ne font pas partie intégrante de la propriété mais qui en entravent seulement l'exercice sont les priviléges et hypothèques, l'antichrèse et la possession.

§ 1. L'hypothèque, tout comme le privilége sur les immeubles, présente deux éléments parfaitement distincts et subordonnés l'un à l'autre; en effet le droit de suite, qui est à l'hypothèque ce que la possession est au gage, et qui maintient l'immeuble à la disposition du créancier, est simplement destiné à permettre de convertir la propriété en une somme, et à fournir ainsi un objet sur lequel puisse s'exercer le droit purement mobilier de préférence.

Il est donc vrai de dire que l'affectation hypothécaire porte non pas sur l'immeuble lui-même, mais bien plutôt sur la somme que cet immeuble représente, et que c'est comme responsable de cette valeur que le tiers détenteur qui a omis de purger les hypothèques est tenu, *à l'occasion de la chose hypothéquée*, d'acquitter la totalité des inscriptions ou de délaisser ; ce qui domine, en effet, dans l'hypothèque, c'est une créance ; ce que le créancier poursuit, alors même qu'il agit directement contre l'immeuble, ce qu'il obtient par la saisie, la surenchère, ou le délaissement volontaire de l'acquéreur, c'est un payement, jamais un droit dans la chose.

Nous voyons par là combien l'hypothèque est inférieure en étendue comme en énergie aux autres droits que nous avons jusqu'ici rencontrés ; elle ne constituerait même pas, à la rigueur, un obstacle pour l'expropriant, puisque le droit de suite, le seul qui établisse un rapport direct entre le créancier et l'immeuble, n'est que le moyen et non le but de l'action hypothécaire, et qu'en conséquence l'administration pourrait toujours se débarrasser du créancier moyennant finance.

Mais l'obligation de désintéresser complétement les créanciers inscrits qui n'est qu'alternative pour un acquéreur ordinaire, grâce à la double faculté du délaissement et de la purge, aurait été pure et simple pour l'expropriant, qui, en raison du besoin absolu qu'il a de l'immeuble, ne peut user ni de l'une ni de l'autre de ces ressources, dont la seconde et la plus favorable ne l'affranchirait elle-même du remboursement intégral des dettes qu'en l'exposant à voir la propriété lui échapper par l'effet d'une surenchère.

Il y aurait donc eu quelque chose de peu équitable à laisser l'expropriant en butte à toutes les exigences, surtout dans le cas assez fréquent où l'immeuble est grevé d'hypothèques au delà de sa valeur, et l'on devait chercher une combinaison qui, sans léser les intérêts des créanciers, et sans leur permettre cependant de réclamer au delà de la valeur de l'immeuble, supprimât la saisie et la surenchère, qui auraient pu remettre en question la propriété.

Or, si l'on remarque qu'après tout la menace d'éviction que la saisie et la surenchère font peser sur la tête du tiers acquéreur n'est, comme l'adjudication qui s'ensuivrait, qu'un moyen indirect d'obtenir le véritable prix de la chose, on comprendra qu'il était facile d'arriver au même résultat, et à moins de frais, en réservant aux créanciers le droit de faire régler ce prix par le jury d'expropriation, nonobstant toute convention passée entre l'administration et le propriétaire.

Tel est le système auquel s'est arrêtée la loi du 3 mai 1841.

Prévoyant d'abord le cas où l'Etat remplira les formalités de la purge, elle détermine, dans l'article 17, en quelle forme cette opération doit avoir lieu, et quelles en seront les conséquences.

Art. 17. « Dans la quinzaine de la transcription, les

« priviléges et les hypothèques conventionnelles, judi-
« ciaires ou légales, seront inscrits.

« A défaut d'inscription dans ce délai, l'immeuble
« exproprié sera affranchi de tous priviléges et hypo-
« thèques, de quelque nature qu'ils soient, sans pré-
« judice des droits des femmes, mineurs et interdits,
« sur le montant de l'indemnité, tant qu'elle n'a pas
« été payée ou que l'ordre n'a pas été réglé définitive-
« ment entre les créanciers.

« Les créanciers inscrits n'auront, dans aucun cas,
« la faculté de surenchérir, mais ils pourront exi-
« ger que l'indemnité soit fixée conformément au
« titre IV. »

Comme on le voit, cette purge spéciale se rapproche
par quelques côtés de celle organisée dans les articles 2183 et suivants du Code civil. En premier lieu,
elle offre aux créanciers l'avantage de sauvegarder
leurs droits sur le prix, puisqu'elle les met à même
d'inscrire leurs hypothèques et de demander l'intervention du jury. Réciproquement elle a pour l'expropriant, lorsqu'il a traité à l'amiable avec le propriétaire,
le mérite de liquider immédiatement la situation, en
faisant courir le délai passé lequel les créanciers ne
sont plus recevables à discuter la valeur attribuée à

l'immeuble par le contrat, et n'ont plus qu'à produire
à l'ordre.

Mais en quoi la loi du 3 mai 1841 diffère essentiellement du Code, c'est en ce que, dans le cas d'expropriation, l'extinction des hypothèques ne dépend plus,
comme en droit commun, de l'accomplissement des
formalités de purge ; ce n'est pas, en effet, le défaut
d'inscription en temps utile, c'est le jugement d'expropriation, ou la cession amiable qui en tient lieu (art .19),
qui dégrèvent la propriété. Que l'administration purge
ou non les hypothèques, l'immeuble n'en sera pas
moins affranchi de toute action directe des créanciers,
et l'État n'en sera pas moins tenu au remboursement
des dettes, jusqu'à concurrence de la valeur de l'immeuble telle qu'elle aura été fixée, soit à l'amiable,
soit par le jury. La rédaction assez ambiguë du paragraphe 2 de l'article 17, qui pourrait faire supposer le
contraire, est expliquée par les termes parfaitement
clairs de l'article 19, § 3 :

« Le défaut d'accomplissement des formalités de la
« purge des hypothèques n'empêche pas l'expropriation
« d'avoir son cours, sauf pour les parties intéressées à
« faire valoir leurs droits dans les formes déterminées
« par le titre IV de la présente loi. »

On remarquera que l'article 17 ne fait aucune distinction en faveur des hypothèques légales qui doivent dès lors être inscrites, non plus dans les deux mois à partir des dépôt, notification et affiches exigés par l'article 2194 du Code, mais dans la quinzaine de la transcription du jugement d'expropriation.

En somme, des deux éléments dont se compose l'hypothèque, un seul, le droit de suite, est supprimé par l'expropriation ; quant au droit de préférence, il subsiste, mais s'exerce d'une manière différente.

§ 2. L'antichrèse, elle, ne confère ni droit de suite ni droit de préférence, mais un simple droit de rétention, qui assure au créancier le remboursement de la dette par la perception des fruits de l'immeuble ; et comme la perte de cette jouissance, qui résulte nécessairement de l'expropriation, le relègue au rang des créanciers chirographaires, il s'ensuit qu'à la différence du créancier nanti d'un privilége ou d'une hypothèque, il voit sa situation compromise. Nous aurons donc à examiner plus tard si ce dommage donne lieu à une indemnité distincte. Quant à présent, nous nous bornons à constater la résolution du droit de l'antichrésiste.

§ 3. Pour en finir avec les droits réels, nous avons à rechercher ce qu'il advient de la possession.

La possession n'ayant d'effets civils que par suite de la présomption de propriété qui s'y rattache, ne peut évidemment rester aux particuliers quand la propriété elle-même leur est enlevée.

Cependant, aux termes de l'article 53 de la loi du 3 mai 1841, l'indemnité devant être payée ou consignée préalablement à toute prise de possession, il en résulte que, jusqu'à la consignation ou au payement, l'ancien propriétaire peut garder l'immeuble.

Mais en quelle qualité? Est-ce en vertu d'une sorte de droit de gage qui ne lui attribuerait qu'une détention précaire? Est-ce, au contraire, avec l'ensemble des conditions qui constituent la possession civile, celle qui conduit à la prescription, qui est garantie par les actions possessoires et qui donne droit à la perception des fruits?

La question de savoir si cette possession peut servir à prescrire est particulièrement intéressante, non pas que le possesseur au bout du temps requis puisse contester l'effet translatif de l'expropriation, mais parce que la prescription une fois accomplie lui conférerait rétroactivement la propriété au jour de l'expropriation, et, par suite, le droit de toucher l'indemnité.

Au moment de l'expropriation, l'immeuble peut se

trouver entre les mains soit du propriétaire véritable, soit d'un détenteur à titre précaire, soit d'un propriétaire apparent, avec ou sans juste titre, de bonne ou de mauvaise foi, mais habile à prescrire.

Aucune difficulté ne peut s'élever quand c'est le propriétaire véritable qui possède, car son droit sur l'indemnité lui est acquis en vertu de son titre, et indépendamment de toute possession.

Quant au détenteur à titre précaire (locataire, usufruitier, etc.), il ne peut être question pour lui de prescrire ; soit qu'il continue à posséder comme par le passé, soit qu'il doive être considéré comme possédant en garantie de sa créance, le changement survenu dans la nature de sa possession ne peut constituer l'interversion exigée par l'article 2238 du Code.

Reste la troisième hypothèse, celle où l'immeuble est possédé par un tiers en voie de prescrire. Ici seulement nous nous trouvons en présence d'une possession véritable, revêtue de ses caractères propres, et dégagée de tout rapport avec la propriété.

Quelle sera sur cette possession l'influence de l'expropriation ?

La réponse est facile pour ceux qui prétendent que l'immeuble exproprié devient imprescriptible , mais beaucoup plus embarrassante dans le système que nous avons adopté, et d'après lequel cet immeuble reste jusqu'à nouvel ordre dans le commerce.

MM. de Lalleau et Jousselin, tout en paraissant croire que l'immeuble exproprié entre immédiatement dans le domaine public (n° 270), enseignent cependant que la possession postérieure à l'expropriation peut conduire à la prescription (n° 274). Cette contradiction écartée, voici comment on pourrait raisonner dans leur opinion, à l'appui de laquelle ils ne produisent d'ailleurs aucun argument.

Toute possession accompagnée des caractères exigés par l'article 2229 du Code aboutit fatalement à la propriété au bout du temps exigé pour prescrire, si elle n'est, dans l'intervalle, ni suspendue, ni interrompue, ni modifiée dans sa nature.

Or, la prescription commencée n'est pas suspendue par l'attribution de la propriété à l'État, lequel n'est pas considéré comme un mineur au point de vue de la prescription. (Art. 2227.)

Elle n'est interrompue ni naturellement, ni civilement.

En effet, il n'y aurait d'interruption naturelle que si l'expropriant pouvait expulser le possesseur sans lui payer l'indemnité, ou si l'immeuble devenait imprescriptible. (Art. 2243.)

Et quant à l'interruption civile, elle ne résulte que d'une demande en justice, d'une saisie, d'un commandement ou de la reconnaissance par le possesseur des droits du propriétaire. (Art. 2244.)

Mais si la possession du propriétaire apparent n'est ni suspendue, ni interrompue, n'est-elle pas au moins modifiée dans sa nature par l'expropriation? On l'a soutenu par ce motif que l'expropriation étant absolue et opposable à tous, il est impossible, à partir du moment où elle a lieu, d'admettre chez le possesseur quel qu'il soit l'intention de posséder à titre de propriétaire. A quoi MM. de Lalleau et Jousselin pourraient répondre que les effets de l'expropriation ne sont généraux et absolus qu'autant qu'il s'agit d'écarter tout obstacle entre l'expropriant et l'immeuble, et qu'ici l'administration est complétement désintéressée du moment qu'elle n'a pas à craindre de voir l'immeuble lui échapper et qu'il ne s'agit pour elle que de payer un prix déterminé à tel individu plutôt qu'à tel autre.

Il y aurait même lieu de faire remarquer que ces effets généraux de l'expropriation n'ont trait qu'à la translation de propriété, laquelle est complétement indépendante de la possession; qu'en effet, en droit commun, la translation de propriété, lors même qu'elle est devenue opposable aux tiers par la transcription, n'a aucune influence sur le droit· du possesseur, et que la publicité donnée à cette translation peut, sans doute, altérer dans certains cas la bonne foi du propriétaire apparent, mais non lui enlever l'intention de posséder en propre.

Ainsi la possession n'étant ni suspendue, ni interrompue, ni dénaturée, serait utile pour prescrire, c'est-à-dire pour conférer au possesseur des droits sur l'indemnité.

Le raisonnement, en le supposant fondé, n'en conduirait pas moins à des conséquences inacceptables. Cette prescription dérivant d'une possession postérieure à l'expropriation, que serait-elle? Acquisitive ou libératoire ? Si elle est acquisitive, comment admettre qu'elle ait pour objectif une créance ? Et si elle est libératoire, comment expliquer qu'elle dérive d'une possession, et qu'elle profite, non pas au débiteur (l'expropriant), mais à un tiers (le détenteur)? Contre qui courrait-elle ? Contre l'État ? En aucune façon, puisque nulle cause antérieure à l'expropriation ne peut lui enlever la propriété. Contre le véritable propriétaire? Pas davantage, car il ne peut ni perdre après l'expropriation une propriété que l'expropriation lui a déjà ravie, ni voir s'éteindre sa créance avant trente années d'inaction à compter du jour où elle a pris naissance, c'est-à-dire du jour de l'expropriation.

Il y a là évidemment des contradictions assez graves pour faire écarter de prime abord le système de MM. de Lalleau et Jousselin. Nous allons reconnaître d'ailleurs que les arguments par lesquels on voudrait l'établir sont loin d'être aussi concluants qu'ils le paraissent. Sans doute une translation de propriété non accompagnée d'une prise de possession effective ou d'un commandement de déguerpir est par elle-même impuissante à interrompre la prescription commencée par un tiers. Mais pourquoi ? Parce que, trouvant dans sa possession seule un titre suffisant pour écarter toute revendication, le possesseur n'est, relativement à l'immeuble, l'ayant cause de personne, et que, dès lors, tout acte passé en dehors de lui est pour lui non-avenu. Supposons, au contraire, qu'au lieu de nier l'effet de la translation de propriété à laquelle il est resté étranger, le tiers détenteur soit obligé d'en réclamer le bénéfice ; la situation n'aura-t-elle pas changé du tout au tout ?

Or, tel est précisément l'effet de l'expropriation, qu'en transformant la propriété en une créance, elle force le possesseur, pour se faire attribuer l'indemnité, à exciper du jugement d'expropriation, c'est-à-dire à reconnaître que la propriété a été valablement transmise à la société à une époque où il n'était pas encore devenu propriétaire ; et c'estlà une reconnaissance tacite, qui, aux termes de l'article 2248, suffit pour interrompre la prescription. Vainement on objecterait que ce qui résulte de cet aveu ce n'est pas le droit du véritable propriétaire mais l'absence de droit chez l'usurpateur, car l'expropriant ne pouvant payer qu'à celui qui justifie de sa qualité (L. du 3 mai 1841, art. 53), le rejet des prétentions de l'usurpateur doit, par la force même des choses, profiter au propriétaire véritable.

Mais MM. de Lalleau et Jousselin ne se contentent pas de considérer comme efficace pour prescrire la détention postérieure à l'expropriation ; ils enseignent, en s'appuyant sur l'autorité de Pothier (*de la Possession,* n°s 54 et 55), que « l'exproprié qui aurait consenti à ce « que l'administration fît exécuter des travaux sur l'im- « meuble exproprié, n'en conserverait pas moins la « possession de cet immeuble, car l'administration ne

« serait en possession qu'en son nom et en vertu de

« son consentement. » (N° 276.)

C'est à Pothier lui-même (*Prescription*, n° 41) que nous empruntons notre réponse :

« La possession que j'ai d'un héritage est interrom-

« pue et je cesse de le posséder lorsque j'ai fait un bail

« à ferme à celui qui en est propriétaire que j'en ai

« mis en possession, car ce propriétaire de l'héritage

« ne peut être censé le tenir pour moi ou en mon nom

« en qualité de fermier, personne ne pouvant être fer-

« mier de sa propre chose. C'est ce qu'enseigne Javo-

« lenus, L. 21, Dig., *de Usucap.* »

« Il en est de même lorsque j'ai mis le propriétaire

« en possession à titre de nantissement, ou de dépôt,

« ou de prêt, ou de précaire, car le propriétaire d'une

« chose ne peut avoir sa propre chose en gage, ni en

« être le dépositaire ni le possesseur précaire, de même

« qu'il n'en peut être le locacataire ni le fermier. »

(L. 45, *de Reg. jur.*)

Ainsi, soit qu'il retienne l'immeuble, soit qu'il le remette à l'administration, le détenteur ne saurait être considéré comme continuant à posséder pour lui-même. Encore moins pourrait-il posséder pour l'Etat, car l'exproprié n'est pas plus l'ayant cause de l'expropriant quant à la possession qui lui reste, que l'Etat n'est l'ayant cause de l'exproprié quant à la propriété. L'exproprié et l'expropriant, en effet, tiennent leurs droits respectifs de là loi, et nullement l'un de l'autre.

Quelle est donc au juste la nature de la possession postérieure au jugement d'expropriation?

On ne peut évidemment la comparer ni à un usufruit, puisqu'il dépend absolument de l'administration de la faire cesser au moyen d'un payement ou d'une consignation, ni à un privilége, puisque les droits de cette nature excluent toute idée de possession.

Ce n'est pas non plus une antichrèse, car la jouissance du détenteur ne peut s'imputer ni sur le capital de l'indemnité, ni sur ses intérêts qui ne commencent à courir que six mois après la décision du jury. (Art. 55.)

Il nous paraît donc préférable d'attribuer l'occupation laissée à l'exproprié à un simple droit de rétention, droit que M. Mourlon définit : « Un moyen mis à la « disposition du détenteur de la chose d'autrui de sti- « muler le propriétaire à l'acquittement des obligations « dont il est tenu à l'occasion de la chose qu'il ré- « clame, et, par suite, d'obtenir par ce secours une « satisfaction plus économique et plus prompte que « celle qu'il obtiendrait par voie d'action. » (Mourlon,

Examen critique du commentaire de Troplong sur les priviléges et hypothèques. N°⁵ 212 à 232.)

Et encore faut-il remarquer qu'en matière d'expropriation, le droit de rétention est subordonné d'une manière beaucoup moins étroite qu'en droit commun au fait matériel de la détention. En effet, l'Etat ne pouvant disposer de l'immeuble qu'après avoir désintéressé tous ceux qui peuvent prétendre à une indemnité, il existe autant de droits de rétention qu'il y a d'indemnitaires distincts. Sans doute, ces droits peuvent être simultanément exercés par un seul, qui, en empêchant l'administration de se mettre en possession, sauvegarde les intérêts de tous en même temps que les siens propres ; il importe donc peu à ce point de vue que l'un des indemnitaires possède plutôt que l'autre, et il semble tout naturel que la détention soit continuée, bien qu'à un autre titre, à celui qui occupe déjà l'immeuble, fût-ce comme possesseur précaire, pourvu qu'il ait droit à une indemnité. Mais si celui des indemnitaires qui est demeuré sur l'immeuble se retire parce qu'il aura été payé le premier ou pour tout autre motif, nous croyons que celui pour le compte duquel il possédait originairement pourra prendre sa place et, s'il la trouve occupée par l'expropriant, forcer celui-ci à déguerpir jusqu'à ce qu'il ait satisfait à ses obligations. En aucun cas, toutefois, il n'y aura lieu d'agir au possessoire ; il suffira du reste que l'Etat soit expulsé pour que l'indemnitaire puisse rentrer de fait en possession, car l'administration qui ne peut posséder elle-même, n'ayant aucun intérêt à empêcher qui que ce soit de posséder, se trouve par suite sans action contre le possesseur.

Il est d'autant plus nécessaire, à notre avis, d'accorder ces droits de rétention successifs aux divers intéressés, qu'une fois l'administration en possession ils se trouveraient dépourvus de tout moyen d'exécution, attendu qu'aux termes des lois spéciales ils ne pourraient faire saisir l'Etat. (L. du 22 août 1791, XII, 9.)

Quant aux fruits, nous pensons qu'on peut les accorder au détenteur, mais à titre de simple tolérance et comme compensation de ce que les intérêts de l'indemnité à laquelle il a droit ne commencent à courir que six mois après la décision du jury. Cette perception ne devrait donc donner lieu à aucune répétition des différents indemnitaires les uns contre les autres, chacun d'eux possédant pour son compte, et non plus en vertu de son titre antérieur.

Nous croyons d'ailleurs que toutes ces questions

peuvent être jugées discrétionnairement, suivant les circonstances, par les magistrats en vertu du pouvoir absolu qui leur appartiént pour le règlement des mesures provisoires ou conservatoires. (Demolombe, IX, n° 682.)

II. — Nous arrivons aux engagements personnels contractés à l'occasion de l'immeuble. En général, ces sortes d'engagements ne peuvent guère avoir pour objet qu'un droit de propriété, tantôt actuel comme l'obligation de livrer, tantôt éventuel comme l'obligation de donner ou de faire. Nous n'avons pas besoin de dire que, vis-à-vis de tous, l'expropriation joue le rôle d'un événement de force majeure et en empêche l'exécution. Mais pour l'expropriant qui prend l'immeuble là où il le trouve, la question n'offre aucun intérêt, et elle n'en a pour les contractants qu'au point de vue de l'attribution de l'indemnité. Elle appartient donc à la troisième partie de notre division générale, où nous la retrouverons.

Il est cependant certaines obligations dont nous devons parler ici, ce sont celles qui ont trait à la jouissance de l'immeuble, c'est-à-dire celles qui naissent du contrat de louage. Le bail qui porte sur l'ensemble du domaine utile ne peut évidemment survivre à une transmission de propriété dont la condition essentielle est l'affectation entière et immédiate à l'utilité commune de l'immeuble sur lequel il est assis. D'ailleurs, l'article 21 de la loi du 3 mai 1841, en rangeant le locataire parmi ceux qui peuvent prétendre à une indemnité, achève de lever tous les doutes à cet égard.

Mais il est assez difficile de décider à quel titre s'opère cette résolution, car elle n'est prononcée nulle part d'une manière expresse. On pourrait, à la vérité, prétendre qu'elle découle de l'article 18 de la loi ; en effet, bien que le bail n'ait jamais été considéré comme un démembrement de propriété susceptible d'être l'objet d'une expropriation principale, quelques auteurs ont voulu en faire un droit réel, en sorte qu'il se trouverait compris, comme l'hypothèque et l'antichrèse, dans la catégorie des droits réels qui, sans être transmis à l'expropriant, sont supprimés par l'expropriation.

Pour nous qui n'avons jamais vu dans le bail qu'un droit purement personnel, cette idée est inadmissible, et nous considérions le système sur lequel elle repose comme définitivement condamné par la doctrine et la jurisprudence, quand nous l'avons trouvé repris et développé à propos d'un arrêt de la cour de Paris, dans le répertoire périodique de M. Dalloz. (1860, II, 185.) Il ne nous semble pas que les arguments invoqués pour ressusciter cette théorie célèbre soient de nature à y ramener l'opinion. L'auteur, après avoir énuméré d'après M. Bonjean (*Traité des actions*, n° 274) les signes caractéristiques du droit réel, prétend les retrouver dans le bail, en alléguant que le locataire a, sur la chose louée, non pas un droit précaire, mais un pouvoir immédiat et direct qui lui permet d'affirmer envers et contre tous qu'il est chez lui.

Il est facile de voir que c'est là une pétition de principe, la question posée sur la nature du bail étant justement de savoir si le rapport immédiat établi entre la chose et le preneur est purement matériel ou véritablement juridique ; car nous ne supposons pas qu'on ait voulu prêter à M. Bonjean cette idée au moins étrange, qu'un simple contact de fait suffirait pour constituer un droit.

Or, la précarité de la détention du locataire est démontrée, à notre avis, d'une manière péremptoire, d'abord par l'article 2236 du Code civil qui décide qu'elle ne peut servir de base à aucune prescription, ensuite par les articles 1709 et 1719, qui définissent le bail un contrat par lequel l'une des parties s'oblige à faire jouir l'autre, par les articles 1769, 1770 et 1723 qui laissent les risques de la chose louée à la charge du seul propriétaire, par l'article 1184 qui ne permet pas au locataire de délaisser, enfin par l'article 1727 qui lui interdit d'agir contre les tiers détenteurs.

En vain le collaborateur de M. Dalloz, pour échapper à cette argumentation, s'efforce-t-il d'assimiler l'obligation de faire jouir imposée au bailleur, à l'obligation de garantie dont le vendeur est tenu d'après l'article 1626 ; car tandis que l'acheteur peut, s'il le préfère, se dispenser d'appeler son vendeur en garantie, et soutenir seul le procès à ses risques et périls, le locataire est toujours obligé de mettre son propriétaire en cause et de lui céder la place (art. 1727) ; et quand on objecte que l'action directe est accordée quelquefois au locataire, par exemple contre les auteurs de simples voies de fait, et que c'est là un cas dans lequel il peut se prévaloir de son droit contre des *tiers*, on oublie que l'article 1725 qui consacre cette faculté n'est que l'application de la règle générale posée dans l'article 1382, que tout fait dommageable oblige à une réparation celui par la faute duquel il arrive, et qu'ainsi le locataire troublé n'a pas affaire à un tiers, mais à un véritable débiteur, constitué tel envers lui par l'effet d'un délit ou d'un quasi-délit.

L'annotateur de l'arrêt n'est pas plus heureux quand, à l'argument tiré de ce que le délaissement est refusé au locataire, il essaye de répondre que l'usufruitier lui-même, bien qu'autorisé à délaisser, ne pourrait se soustraire par ce moyen à l'obligation de payer le prix moyennant lequel il aurait acquis son usufruit; en effet, pour juger jusqu'à quel point le locataire et l'usufruitier sont admis à délaisser, il faut les envisager, non pas dans leurs rapports avec ceux envers lesquels ils se sont personnellement obligés, ce qui serait absurde, mais dans leurs rapports avec les ayants cause à titre singulier de leurs cocontractants. Or, nous voyons que, vis-à-vis de l'acquéreur de l'immeuble, le délaissement permis à l'usufruitier n'est pas accordé au locataire.

Quant à l'article 1743 qui oblige l'acquéreur à respecter les baux quand ils ont date certaine, et qu'on voudrait faire considérer comme ayant inauguré, contrairement à la tradition romaine et coutumière, un droit réel au profit du preneur, M. Demolombe a très-justement remarqué qu'ainsi entendu, il ferait du bail un droit tantôt réel tantôt personnel, suivant que le contrat étant ou non authentique, l'expulsion du locataire serait autorisée ou interdite. (T. IX, n° 493.) Ce n'est donc qu'à la dernière extrémité, et faute de mieux, qu'il faudrait accepter une interprétation aussi peu satisfaisante. Mais Pothier enseigne que les cas dans lesquels, de son temps déjà, l'ayant cause à titre particulier du bailleur pouvait être tenu exceptionnellement de laisser le locataire en jouissance étaient regardés, non comme un changement apporté à la nature du droit de ce dernier, mais comme l'effet d'une subrogation légale de l'acquéreur à l'obligation toute personnelle de son vendeur d'entretenir le bail. (*Du Louage*, n° 297.)

Et cette interprétation, qui nous paraît encore aujourd'hui la seule admissible, permet d'éviter les contradictions que l'autre système suppose fort gratuitement entre l'article 1743 et les articles 1709, 1723, 1725 et 1727. (*Conf.*, Demolombe, IX, n° 493 ; — Marcadé, s. l'article 526 ; — Paul Pont, *Priviléges et Hypothèques*, n° 385 ; — D. 61, I, 417 ; — 60, II, 190 ; — S. 55, I, 136.)

Alors, dira-t-on, du moment que le bail de l'immeuble exproprié n'est pas un droit réel, et que, par suite, il ne tombe pas sous le coup de l'article 18 de la loi du 3 mai 1841, il reste soumis au droit commun. L'administration va donc se trouver subrogée aux obligations du bailleur, car elle n'a pour s'y soustraire aucun des deux motifs admis par le Code pour la résolution des baux (art. 1741), puisque d'une part l'expropriation n'est pas un cas de perte de la chose, et que d'autre part, dans les contrats synallagmatiques, l'inexécution des conditions ne peut être invoquée que par celle des deux parties qui est restée fidèle à ses engagements, à moins qu'elle ne préfère réclamer l'exécution pure et simple de la convention. (Code civil, art. 1184.)

L'explication que nous avons donnée de l'article 1743 répond à cette objection. Le droit du preneur étant admis comme purement personnel, l'obligation d'entretenir le bail imposée à l'acquéreur est censée insérée, d'office, au contrat de vente, la loi suppléant la clause usuelle dans laquelle le bailleur interdisait autrefois à ses ayants cause d'expulser le fermier; cette obligation suppose dès lors une stipulation accessoire tacite, et par conséquent ne concerne pas l'expropriant qui, nous ne saurions trop insister sur ce point, n'est pas l'ayant cause de l'exproprié.

Ainsi du jour où le locataire voit l'immeuble passer entre les mains d'un propriétaire qui, non-seulement peut mais doit l'expulser, soumis qu'il est à l'obligation de consacrer immédiatement la chose à l'utilité publique, les conditions de la jouissance sont profondément modifiées. La cour de Paris en considérant, dans certains cas, la prolongation de cette jouissance comme une renonciation tacite de l'État au bénéfice de l'expropriation, et le tribunal de la Seine en n'accordant au locataire de l'immeuble exproprié que le droit d'interpeller l'administration sur ses intentions à son égard, avaient donc méconnu les véritables principes. Aussi la Cour de cassation, réformant cette jurisprudence, a-t-elle décidé que c'est à l'expropriation légalement prononcée et non au fait matériel de la dépossession actuelle que s'attachent, et la résolution des baux, et le droit pour le locataire de réclamer une indemnité. (D. 64, I, 116, 443; 62. I, 300; 65, I, 256.)

A partir de l'expropriation, il n'y a donc plus sur l'immeuble un locataire, mais un créancier nanti d'un gage et possédant en garantie d'un droit à lui propre; d'où la conséquence assez bizarre au premier abord, bien qu'au fond parfaitement juste, que ni l'exproprié ni l'expropriant ne peuvent se prévaloir vis-à-vis du fermier, soit du bail pour le forcer à rester sur les lieux, soit de la résolution du bail pour l'expulser, soit de la possession postérieure à l'expropriation pour lui demander un loyer quelconque.

Ces règles nous permettront plus tard de résoudre quelques-unes des questions relatives à l'indemnité allouée au locataire.

SECTION III.

Tels sont, en dehors du droit commun, les effets les plus remarquables de la transmission forcée d'un immeuble à l'Etat pour cause d'utilité publique. On voit, d'après l'exposé que nous en avons fait, que ce qu'il y a de véritablement exceptionnel dans l'expropriation, ce n'est pas le droit conféré à l'expropriant, et qui n'est, en somme, que la propriété civile, dans sa plénitude originelle et pour ainsi dire idéale, c'est la manière dont ce droit est obtenu. C'est pourquoi, indépendamment des conséquences extra-normales que nous venons de constater, l'expropriation ne pouvait manquer de produire les effets réguliers d'une transmission ordinaire de propriété, d'enlever à l'ancien propriétaire le droit de disposer de l'immeuble, de mettre les risques de la chose à la charge de l'expropriant, de le rendre propriétaire de tout ce qui s'unit et s'incorpore à l'immeuble, alluvion, plantations et constructions.

Cette dernière règle souffre toutefois quelques tempéraments. C'est ainsi que nous avons accordé au propriétaire ou même à son fermier lorsqu'il se trouve en possession au moment de la récolte, la faculté de percevoir les fruits; ce droit d'ailleurs ne porte préjudice ni à l'État ni au bailleur qui ne pourraient recueillir les fruits sans rembourser au locataire ses frais de culture.

En ce qui concerne les édifices et superfices, il y a également lieu de faire quelques distinctions.

On sait que le tiers de mauvaise foi qui a construit sur le terrain d'autrui peut être forcé, si le propriétaire l'exige, de rétablir à ses frais les lieux dans leur état primitif. (C. 555.)

L'administration aurait par suite grand intérêt à profiter de cette disposition pour se dispenser, à l'occasion, de payer la valeur de bâtiments qui lui sont inutiles.

Nous ne croyons pas néanmoins qu'on doive l'y autoriser, hormis, bien entendu, dans l'hypothèse où la fraude aurait été pratiquée en vue même de l'expropriation et pour obtenir une indemnité plus considérable. (L. du 3 mai 1841, art. 52.)

En matière de constructions, la règle déduite de la maxime célèbre *omne quod inædificatur solo cedit*, est qu'au moment même où des bâtiments sont élevés sur le sol, ils appartiennent de plein droit au maître du sol, quel que soit le constructeur et à qui qu'appartiennent les matériaux, sans qu'on puisse admettre le propriétaire du terrain à répudier cette accession, ni le propriétaire des matériaux à réclamer autre chose qu'une indemnité.

L'exception apportée à cette règle à l'égard du constructeur de mauvaise foi, exception dont la rigueur excessive est blâmée par la plupart des auteurs, ne s'explique que comme la peine de l'usurpation commise, et comme la réparation du préjudice causé au propriétaire. (Demolombe, IX, n° 675.) A ce double point de vue, elle a par conséquent un caractère exclusivement personnel; or, comme l'expropriant est forcé d'acquérir les immeubles dans l'état où ils se trouvent quelque inutiles que soient pour lui les constructions qui les couvrent, et comme c'est là la contre-partie nécessaire du [pouvoir exorbitant qu'on lui accorde, il ne peut alléguer, en ce qui le concerne, ni faute ni préjudice de la part du constructeur, et il serait dès lors mal fondé à invoquer l'article 555, soit de son chef, soit du chef du propriétaire dont il n'est pas le représentant.

Du moment donc que ce dernier n'a pas cru devoir exiger, comme il en a seul le droit, la suppression des édifices, c'est lui qui s'en est trouvé propriétaire définitif au jour de l'expropriation et qui doit en toucher le prix, sauf à tenir compte au constructeur de la valeur des matériaux.

On objecte que la position du constructeur de mauvaise foi va se trouver améliorée par l'expropriation. Sans doute, et ce résultat n'a rien qui nous doive choquer, puisqu'il est, de l'aveu général, plus conforme à la raison et à l'équité. Ajoutons qu'on évite ainsi les difficultés sans nombre et le scandale d'un procès où l'administration, pour fournir la preuve de la mauvaise foi, aurait à s'immiscer de la manière la plus odieuse dans les affaires privées des citoyens.

Quant aux bâtiments élevés par un tiers autorisé, et notamment par un locataire, la Cour de cassation les considère comme à lui appartenant, à ce point qu'elle assujettit au droit de mutation immobilière la cession qu'il en ferait à son bailleur lui-même, excepté quand le bail contient interdiction de démolir, car alors le fermier est censé avoir construit pour le compte du maître du fonds. (D. 69, I, 427; 69, I, 107.)

Cette jurisprudence, parfaitement établie aujourd'hui, fait du constructeur autorisé tantôt un superficiaire, tantôt un simple entrepreneur, suivant les termes du contrat; mais ici encore, et dans l'un comme dans l'autre cas, l'État se trouve en face d'un droit de propriété constitué qu'il doit racheter nécessairement, sauf à faire valoir devant le jury, si les constructions devaient être enlevées à la fin du bail, que l'expropriation n'a fait que hâter le moment de la démolition, et qu'ainsi le dommage causé est seulement de la valeur des matériaux et du nombre d'années de jouissance qui restaient encore à courir.

CHAPITRE IV

Nous venons d'assister à la transmission et à l'affranchissement de la propriété par l'expropriation ; nous avons vu, dans cette revendication d'un nouveau genre, l'État poursuivre directement la chose sans s'inquiéter de savoir qui la possède, et briser à coup sûr, avant même de les connaître, tous les obstacles interposés entre lui et l'immeuble. En présence de conséquences aussi graves, ce n'était pas trop de toutes les garanties que nous avons énumérées pour prévenir les abus toujours si redoutables quand ils peuvent s'abriter derrière les lois d'exception, et l'on conçoit qu'on ait été amené à faire fléchir dans une certaine mesure la règle de la séparation des pouvoirs en conférant le droit de prononcer l'expropriation aux tribunaux civils, gardiens naturels des intérêts privés. Il semble dès lors qu'il soit superflu de se demander, comme nous nous étions proposé de le faire, à quel acte sont réservés et à quel moment se produisent les effets exceptionnels qui ont nécessité ces formes spéciales. L'acte ne peut être que celui par lequel la justice en connaissance de cause attribue l'immeuble à la société, le moment, celui où cet acte est devenu définitif.

Là conséquence logique de tout ceci serait donc de n'assimiler à l'expropriation :

Ni les cessions amiables de propriété;

Ni les prises de possession consommées par l'administration avant l'accomplissement des formalités légales de translation de la propriété;

Ni les acquisitions faites par l'expropriant sur la réquisition de l'exproprié.

Cependant la loi en a disposé autrement dans le premier cas, et, faute d'avoir posé des règles précises pour les deux autres, elle a laissé le champ libre à la controverse.

Il est donc nécessaire d'entrer dans l'examen des difficultés auxquelles donnent lieu ces trois hypothèses.

SECTION I.

I. — L'expropriation étant une mesure exception-

nelle et rigoureuse, il a paru convenable de n'y avoir
recours qu'à la dernière extrémité et après qu'on aurait essayé par tous les moyens possibles d'obtenir à
l'amiable la cession de l'immeuble. (L. du 3 mai 1841,
art. 13, § 6.)

Mais cette idée, très-séduisante en apparence, allait
créer à l'expropriant des embarras de toute nature ;
car, ainsi que nous l'avons montré, le consentement
du propriétaire ne transfère souvent qu'une propriété
incertaine ou incomplète, et par conséquent insuffisante pour le but de l'expropriation. Pour satisfaire au
vœu de la loi, l'administration aurait donc dû s'aboucher successivement avec tous les intéressés, et elle
restait exposée à se voir évincée par ceux qu'elle n'aurait pu connaître. Assurément ce n'était pas la peine
de créer la procédure sommaire d'expropriation pour
se priver ensuite des avantages de célérité et de sécurité qu'elle présente, et dans ces conditions l'on
ne devait pas compter sur beaucoup d'empressement
de la part de l'administration à se prêter à ces tentatives.

Aussi, pour lui faciliter sa tâche, a-t-on jugé à
propos de l'autoriser à se contenter du consentement
du propriétaire, en attribuant aux cessions amiables

intervenues entre celui-ci et l'État les effets radicaux du jugement d'expropriation vis-à-vis des tiers.

Art. 18. « Les actions en résolution, en revendica- « tion, et toutes autres actions réelles, ne pourront « arrêter l'expropriation ni empêcher l'effet; le droit « des réclamants sera transporté sur le prix, et l'im- « meuble en demeurera affranchi. »

Art. 19. « Les règles posées dans le premier para- « graphe de l'article 15 et dans les articles 16, 17 « et 18 sont applicables dans le cas de conventions « amiables passées entre l'administration et les pro- « priétaires. »

Ainsi, cette transmission irrévocable et opposable à tous, que le jugement d'expropriation lui-même n'aurait pu prononcer sans une dérogation formelle de la loi aux règles de la chose jugée, une simple convention va suffire pour l'opérer.

Et l'on n'a pas vu que si le jugement d'expropriation peut atteindre sans danger des particuliers qui n'ont pas été mis en cause, c'est que le seul examen des pièces doit permettre au tribunal d'apprécier que l'immeuble est ou non dans le cas d'être exproprié, et qu'une fois ce point reconnu, toutes les résistances particulières doivent s'incliner devant les exigences de l'intérêt général. Il importait donc peu, dans cette situation, que la propriété fût divisée entre plusieurs propriétaires, ou démembrée au profit d'un usufruitier, ou occupée par un locataire; il était même indifférent que le propriétaire désigné dans le jugement ne fût qu'un propriétaire apparent, puisque tous les droits dépendant de la propriété devaient être attribués à l'État, en quelques mains qu'ils se trouvassent, et qu'une décision judiciaire répondait aux divers intéressés de l'impossibilité d'éviter cette dépossession.

Au contraire, quand le tribunal reste étranger à une semblable transmission, les tiers n'ont plus aucune sécurité. Une fois nanti d'un décret d'expropriation et d'un consentement de propriétaire, rien n'empêche l'expropriant d'étendre ses acquisitions à des terrains situés en dehors de la ligne des travaux, car les termes de la déclaration d'utilité publique ne permettent que très-difficilement de reconnaître quels sont les immeubles nécessaires à l'exécution de l'entreprise, et, quant aux autres formalités, celles-là mêmes qui déterminent à quelles propriétés l'expropriation est applicable, l'article 14, § 5, déclare que du moment que le propriétaire consent à la cession, le tribunal n'a pas à vérifier si elles ont été remplies.

Et non-seulement les cessions amiables sont conclues en dehors de toute surveillance des tribunaux, mais encore, une fois réalisées, elles échappent absolument à leur contrôle pour peu qu'elles puissent se rattacher à une déclaration d'utilité publique ; car, d'après les articles 18 et 19, les actions en revendication et en résolution étant impuissantes à empêcher l'effet soit du jugement d'expropriation, soit de la cession amiable, l'usufruitier, le précédent vendeur non payé, le propriétaire dominant, ne pourraient obtenir leur réintégration, lors même qu'ils offriraient de prouver que la déclaration d'utilité publique qui a servi de prétexte à la cession n'est pas applicable à l'immeuble sur lequel ils ont des droits à exercer.

Pour ce qui est du locataire, sa jouissance ne peut manquer d'être également résolue, sinon d'après la lettre, au moins d'après l'esprit de la loi, dont l'intention évidente est d'assimiler complétement les effets des cessions amiables à ceux de l'expropriation.

Bien plus, la mention expresse de la revendication parmi les actions que l'expropriation ou la cession amiable ont pour résultat d'éteindre, est pour nous une preuve que le véritable propriétaire lui-même, après la convention conclue par l'administration avec un usurpateur, n'a plus aucun moyen de recouvrer son immeuble, et qu'ainsi le préfet pourrait, à la rigueur, traiter sans autre justification avec l'individu inscrit comme propriétaire à la matrice des rôles, le seul dont il soit question au cours de la procédure d'expropriation. (Art. 5.) — (De Lalleau, n° 716.)

Du moins le jugement d'expropriation peut-il être déféré à la Cour de cassation, tandis que, par sa nature même, la cession amiable échappe à ce suprême recours.

Quant aux mesures de publicité ordonnées par les articles 15 et 16 pour le jugement d'expropriation et étendues par l'article 19 aux cessions amiables, on remarquera qu'elles n'ont nullement pour objet de mettre les différents intéressés à même de s'opposer à la translation de propriété faite au préjudice de leurs droits; elles les avertissent simplement que cette translation étant accomplie, ils ont à faire régler l'indemnité qui en est la conséquence.

Sans doute les particuliers pourront, suivant l'expression de Pothier, « se venger sur le prix » dont ils ont toujours le droit de déférer le règlement au jury d'expropriation ; mais précisément le reproche que nous faisons à la loi en toute occasion, c'est de ne s'être préoccupée que du côté matériel de la question et de n'avoir pas compris que, pour n'être pas lésés dans leurs intérêts, les particuliers n'en étaient pas moins fréquemment atteints dans leurs droits, grâce à l'insuffisance des formes protectrices de la propriété.

Il faut donc reconnaître qu'on a privé les tiers d'une garantie essentielle, en substituant à la sanction d'un tribunal le consentement d'un simple particulier d'autant plus facile à gagner que son droit de propriété sera plus restreint ou moins solidement établi.

Jusqu'ici, sans doute, l'administration a apporté une certaine mesure dans l'exercice des pouvoirs exorbitants que la loi lui accorde. Elle ne se croit pas dispensée de demander au propriétaire inscrit aux rôles la justification de ses droits ; elle recommandait même autrefois à ses agents de ne jamais dépasser les limites de l'arrêté de cessibilité. (Circulaire du 4 janvier 1834.) Mais si la confiance qu'inspire l'État devait suffire pour rassurer toutes les inquiétudes, il n'y aurait plus qu'à supprimer, comme un luxe inutile, le cortége de formalités dont on a pris soin d'entourer l'expropriation.

D'ailleurs, cette confiance que l'administration mérite à tous égards, il serait difficile de la demander au même degré pour les spéculateurs par l'entremise desquels s'exécutent aujourd'hui la plupart des grandes entreprises publiques, qui jouissent des mêmes prérogatives que l'administration, et qui ont tout intérêt à étendre leurs acquisitions afin de bénéficier de la plus value que leurs travaux procurent d'ordinaire aux propriétés riveraines.

Et même, toute idée d'un concert frauduleux écartée, il n'en est pas moins vrai que l'article 19 a renversé tous les principes; car là où un particulier peut être dépossédé en vertu d'un acte auquel il n'a pas concouru, il y a expropriation, et l'expropriation ne s'opère que par autorité de justice. (Art. 1er.)

Pour se soustraire à ce déplorable résultat, M. Foucart, et d'après lui MM. de Lalleau et Jousselin, ont cru trouver un expédient : ce serait de n'appliquer la résolution des droits réels qu'à la cession des immeubles compris dans l'arrêté de cessibilité. (N° 748.)

Mais, outre que rien dans la loi n'autorise cette interprétation, et que les travaux préparatoires paraissent au contraire l'exclure de la manière la plus formelle (*Moniteur*, 1841, p. 1100), le système de M. Foucart ne change rien à la situation des tiers.

Ce qu'il faudrait pour sauvegarder leurs intérêts, c'est que la résolution de leurs droits ne pût avoir lieu qu'à l'époque de la procédure où, suivant l'expression de M. Dupin, « la question de l'immeuble est irrévocablement décidée. » Or, pour qu'elle le soit, non-seulement il ne suffit pas que l'utilité publique de l'entreprise ait été déclarée, puisqu'on ignore encore quelles propriétés seront nécessaires à son exécution, mais ce n'est pas assez que ces propriétés aient été désignées par le préfet, puisque cette désignation peut être entachée d'un vice de forme qui forcera le tribunal à refuser sa sanction. La question de l'immeuble ne sera donc décidée que quand l'autorité judiciaire aura constaté la régularité de la procédure, ce qu'elle ne peut faire que lorsqu'elle est appelée à rendre le jugement d'expropriation. (Art. 14, § 5.)

A quoi bon, dès lors, exiger un arrêté de cessibilité, si l'autorité judiciaire n'est pas appelée à reconnaître qu'il a été rendu dans les formes et précédé d'une enquête régulière ? Nous n'en serons pas moins retombés dans les errements si énergiquement condamnés par la note impériale de Schœnbrünn, car aujourd'hui encore on peut être « exproprié par la pré-« fecture. »

Aussi la jurisprudence n'a-t-elle même pas essayé de profiter de cette distinction. « Attendu », dit la Cour de cassation dans un arrêt rendu après délibéré en chambre du conseil, « que c'est un principe certain et « désormais hors de toute contestation que le juge- « ment d'expropriation, ou la cession amiable qui en « tient lieu lorsqu'elle a été précédée d'une déclaration « d'utilité publique, a pour effet immédiat et néces- « saire de résoudre les baux comme tous les droits « dont peut être grevé l'immeuble exproprié. » (D. 1865, I, 256. Voir aussi D. 62, II, 133, 190; 64, I, 116; 64, V, 143.)

Voilà donc où aboutissent en somme les cessions amiables de propriété, dangereuses si elles dispensent l'administration de traiter avec tous les intéressés, inutiles si elles laissent subsister cette obligation.

Et pour comble, quand on cherche à quel intérêt l'on a pu sacrifier de la sorte toute l'économie de la loi, l'on n'en trouve, à proprement parler, aucun. Jusques et y compris la translation de propriété, la procédure d'expropriation n'a aucun caractère conten- tieux; ce n'était donc pas le cas de la faire précéder d'un préliminaire de conciliation. D'un autre côté, les dépens du jugement, fort minimes d'ailleurs, restent toujours à la charge de l'expropriant, puisque personne n'est mis en cause; on n'avait donc pas non plus à se préoccuper d'éviter des frais aux parties. Il faut avouer enfin que l'on s'est singulièrement mépris si l'on a cru épargner une atteinte à la propriété, car étendre à tous, consentants ou non, les effets de la cession amiable, ce n'est pas prévenir l'expropriation, c'est l'opérer d'une manière différente.

Cette vérité n'a été méconnue lors de la discussion des deux lois d'expropriation que parce que les rédacteurs ont pensé qu'il ne s'agissait pour les propriétaires que de se soumettre à une dépossession inévitable. « Pourquoi », disait M. Dufaure, « dès que l'aliénation est forcée, ne pas permettre d'y souscrire « par un acte volontaire ? » (*Moniteur*, 20 juin 1840, supplément B.) On pourrait plutôt demander quel avantage on y trouve, car du moment que l'aliénation est forcée, c'est vouloir se payer de mots que de chercher à la déguiser sous les apparences d'un consentement mutuel. Singulière sollicitude, en vérité, qui, pour laisser au propriétaire la puérile satisfaction de s'exécuter de bonne grâce, ouvre la porte à des abus de toute nature.

Et cependant, malgré cette méprise, nous pouvons

affirmer que l'article 19 n'aurait jamais pris place dans notre législation sans le concours de circonstances extraordinaires qu'il est indispensable de faire connaître.

A entendre MM. de Lalleau et Jousselin (n° 747), cet article aurait été voté sans discussion en 1833 comme en 1841 ; nous allons montrer qu'il a été introduit dans la loi contrairement au vote des deux chambres.

II. — Parmi les obstacles qui auraient pu entraver entre les mains de l'expropriant la libre disposition de l'immeuble, la loi présentée en 1833 par le gouvernement à la Chambre des députés n'avait songé à écarter que les droits hypothécaires ; mais elle les déclarait résolus, tant par le jugement d'expropriation que par la cession amiable, pour les transporter sur le prix qu'elle permettait aux créanciers de faire fixer, dans l'un comme dans l'autre cas, par le jury. (*Moniteur*, 1833, p. 295, col. 5.)

Que le droit de suite des créanciers hypothécaires ne dût pas survivre à une translation même conventionnelle de propriété pour cause d'utilité publique, on pouvait le comprendre ; en effet, ce droit de suite n'étant que l'accessoire et la garantie d'un droit de préférence n'avait plus aucune raison de subsister, du moment que la loi donnait au créancier un autre moyen d'arriver à la réalisation de son gage dans des conditions favorables.

A la séance du 4 février 1833, M. Lherbette fit observer que l'action résolutoire offrait les mêmes dangers que l'action hypothécaire pour l'acquéreur d'un immeuble en cas de vente forcée ou volontaire. Il proposait donc d'intercaler dans l'article en discussion après les mots « l'immeuble sera affranchi de toute « hypothèque », un amendement ainsi conçu : « il en « sera de même de tous les droits résolutoires pour « lesquels l'action n'aura pas été intentée dans la « quinzaine de la transcription. » (*Moniteur*, 1833, p. 296, col. 1 et 2.)

Placé, comme le voulait M. Lherbette, dans un article dont le dernier paragraphe étendait les dispositions aux cessions volontaires, cet amendement aurait eu bien et dûment pour résultat d'englober les actions résolutoires parmi les droits qui devaient être effacés par les conventions amiables.

Mais la Chambre ayant préféré voter immédiatement les dispositions sur les hypothèques telles qu'elles lui étaient soumises par le projet, pour statuer ensuite sur les actions en revendication et en résolution par un article séparé, ce nouvel article, adopté à la séance du lendemain 5 février, et dans lequel il n'était pas question des cessions amiables, se trouva naturellement placé après l'article concernant les droits hypothécaires, et par conséquent complétement en dehors de l'assimilation établie par ce premier article entre le jugement d'expropriation et les conventions passées avec le propriétaire. (*Moniteur*, 1833, p. 298 et 299.)

Ainsi, quand la loi votée par les députés fut portée devant la chambre des pairs, le sort des droits réels de toute nature établis sur l'immeuble exproprié s'y trouvait réglé comme il suit :

Art. 17. « Dans la quinzaine de la transcription les « priviléges et les hypothèques conventionnelles, judi« ciaires ou légales, antérieurs au jugement, seront « inscrits.

« A défaut d'inscription dans ce délai, l'immeuble « exproprié sera affranchi de tous priviléges et de « toutes hypothèques, de quelque nature qu'ils soient, « sans préjudice du recours contre les maris, tuteurs « et autres administrateurs qui auraient dû requérir « les inscriptions.

« Les créanciers inscrits n'auront, dans aucun cas,

« la faculté de surenchérir, mais ils pourront exiger
« que l'indemnité soit fixée conformément au titre IV.

« Les règles posées *au présent article* sont appli-
« cables dans le cas de conventions amiables passées
« entre l'administration et les propriétaires.

Art. 18. « Les actions en résolution, en revendica-
« tion et toutes autres actions réelles ne pourront ar-
« rêter l'expropriation ni en empêcher l'effet; le droit
« des réclamants sera transporté sur le prix, et l'im-
« meuble en demeurera affranchi. »

A la Chambre des pairs, la commission proposa de
reporter le dernier paragraphe de l'article 17 après
l'article 18, ce qui aurait étendu les effets de ce dernier article aux cessions volontaires de propriété.

Mais l'amendement de la commission fut rejeté lors
de la discussion de l'article 17 et lors de la discussion
de l'article 18, et la rédaction primitive passa telle
qu'elle avait été adoptée par les députés, dans les
termes que nous venons de reproduire. (*Moniteur*, 1833,
p. 1281, col. 2, ligne 87.)

Après cette double épreuve aucun doute n'était possible sur les intentions des deux assemblées : l'effet
résolutoire était restreint aux droits hypothécaires.

Comment, en face d'une volonté aussi clairement

manifestée, la commission, à qui la loi fut ensuite renvoyée pour quelques changements de forme et de détail réclamés par la Chambre des pairs, a-t-elle osé rétablir dans le texte, sous la rubrique de l'article 19, l'amendement deux fois écarté qui attribuait aux cessions amiables l'effet de résoudre les droits réels sans distinction ? Comment cette interpolation a-t-elle pu passer inaperçue dans les deux Chambres lors du vote définitif ? Comment le rapporteur ne l'a-t-il pas signalée à la Chambre des députés? Nous n'essayerons pas de l'expliquer. Mais ce qui doit nous étonner davantage, c'est que ce fut M. Thiers, alors ministre des travaux publics, qui, en présentant à la Chambre des pairs l'article 19 comme uniquement relatif à la purge des hypothèques, contribua à faire adopter cette disposition, si favorable aux abus qu'il a depuis combattus avec tant d'énergie.

« Le quatrième paragraphe de l'article 17, » disait-il, à la séance du 15 juin 1833, « a été déplacé et reporté « après l'article 18, pour former un nouvel article 19.

« Vous approuverez sans doute ce déplacement, « puisque, dans l'intention évidente du projet de loi, « *les dispositions prescrites pour la purge des hypo-* « *thèques de toute nature doivent s'appliquer aux*

« *contrats amiables,* comme à ceux qui sont le fait de
« l'expropriation. » (*Moniteur*, 1833, p. 1690, col. 1,
ligne 104.)

La Chambre, fatiguée sans doute par de longs débats, ne s'aperçut pas que la résolution des droits hypothécaires par les cessions amiables se trouvait déjà consacrée dans le paragraphe qu'on lui proposait de déplacer ; personne, et pas même le ministre, ne se rendit compte que le but de la commission avait été de rétablir dans le texte une disposition qui en avait été deux fois positivement exclue, et voilà grâce à quelle déplorable surprise le malencontreux article 19 fut adopté.

Quand la loi fut revisée en 1840, il était trop tôt pour que les inconvénients dont l'article 19 devait être la source eussent éveillé l'attention. Le nouveau projet du gouvernement allait même plus loin encore que la loi du 7 juillet 1833, en assimilant au jugement d'expropriation les contrats amiables *à quelque époque qu'ils eussent été passés (Moniteur,* 1840, p. 955). Mais la Chambre des pairs supprima ce dernier membre de phrase. Elle voulait même que, pour produire les effets du jugement d'expropriation, le contrat eût été précédé du dépôt des plans parcellaires à la mairie. A quoi les députés firent observer que cette formalité ne prouvait pas d'une manière certaine la nécessité de l'expropriation, et que si l'on ne voulait pas se contenter de la déclaration d'utilité publique, il faudrait attendre l'arrêté de cessibilité. Cette objection qui aurait dû faire toucher au doigt le danger des cessions amiables ne servit qu'à faire maintenir purement et simplement la rédaction de 1833 (*Moniteur*, 1841, p. 520). On se contenta donc, au lieu d'effacer l'article 19, d'exiger pour ces sortes de conventions la même publicité que pour le jugement d'expropriation, afin que du moins les tiers pussent exercer en temps utile le seul droit qui leur restât, celui de surveiller le règlement de l'indemnité.

III. — La faveur inexplicable accordée aux cessions volontaires de propriété se retrouve jusque dans les dispositions qui en règlent la forme.

La loi distingue suivant que l'administration tombe d'accord avec le propriétaire tant sur la cession que sur le chiffre de l'indemnité, auquel cas l'autorité judiciaire n'a aucunement à intervenir, ou suivant que le propriétaire consent à la cession sans qu'il y ait accord sur le prix, et alors le tribunal doit être saisi, non pour rendre le jugement d'expropriation ni pour s'assurer

que les formalités autres que la déclaration d'utilité
publique ont été remplies, mais pour donner acte du
consentement et désigner le magistrat directeur du
jury. (Art. 14, § 5.)

Remarquons en passant que le jugement de donné
acte, innovation assez malheureuse de la loi de 1841,
offre pour les tiers les mêmes inconvénients que la
cession amiable proprement dite, sans avoir même
l'avantage d'abréger les formalités de prise de possession, puisqu'il laisse subsister la plus longue des deux
procédures auxquelles donne lieu l'expropriation,
celle en règlement d'indemnité.

D'après l'article 56 de la loi du 31 mai, les contrats
de vente, quittances ou autres actes relatifs à l'acquisition des terrains peuvent être passés en la forme des
actes administratifs. Ils peuvent être également passés
devant notaire si l'administration le préfère. Dans
l'un et l'autre cas, ces actes sont authentiques et em-
portent exécution parée. Une expédition en est adressée à l'administration des domaines lorsqu'il s'agit
d'acquisitions faites pour le compte de l'État. (*Moniteur*, 1833, p. 1352; — Dalloz, R. G., v° *Obligation*,
n° 645; — Dufour, n° 366.)

Nous croyons, conformément à la jurisprudence du

tribunal des conflits et du Conseil d'État, et contrairement à la doctrine d'un arrêt de Cassation du 14 août
1854 (D. 54, I, 344), que lorsque des particuliers ont
cédé leurs immeubles en vertu des lois sur l'expropriation pour cause d'utilité publique, les difficultés
qui peuvent s'élever relativement à ces cessions sont
du ressort de l'autorité judiciaire, lors même que les
contrats ont été passés en la forme administrative,
sauf, dans ce dernier cas, si l'acte est critiqué dans
sa forme, à renvoyer devant les tribunaux administratifs la connaissance de cette question préjudicielle.
(D. 1856, III, 11 ; — S. 57, II, 602 ; 49, I, 695.)

Les règles du Code civil, sur les conditions essentielles pour la validité des conventions (liv. III,
ch. ii) sont applicables aux cessions amiables passées
en conformité des lois sur l'expropriation pour cause
d'utilité publique, excepté par rapport à la capacité des
parties contractantes. A cette occasion encore, la
loi spéciale a marqué toute l'importance qu'elle atta-
chait à ces transactions, et afin d'assurer les bons
résultats qu'elle s'en était promis, elle les a exemptées
de quelques-unes des formalités requises pour l'aliénation des biens des incapables.

Art. 13. « Si des biens de mineurs, d'interdits,

« d'absents ou autres incapables sont compris dans
« les plans déposés en vertu de l'article 5, ou dans les
« modifications admises par l'administration supé-
« rieure, aux termes de l'article 11 de la présente loi,
« les tuteurs, ceux qui ont été envoyés en possession
« provisoire, et tous représentants des incapables,
« peuvent, après autorisation du tribunal donnée sur
« simple requête en la chambre du conseil, le minis-
« tère public entendu, consentir amiablement à l'alié-
« nation desdits biens. Le tribunal ordonne les me-
« sures de conservation ou de remploi qu'il juge
« nécessaires.

« Ces dispositions sont applicables aux immeubles
« dotaux et aux majorats.

« Les préfets pourront, dans le même cas, aliéner
« les biens des départements, s'ils y sont autorisés par
« délibération du conseil général ; les maires ou admi-
« nistrateurs pourront aliéner les biens des communes
« ou établissements publics, s'ils y sont autorisés par
« délibération du conseil municipal ou du conseil
« d'administration, approuvée par le préfet en conseil
« de préfecture.

« Le ministre des finances peut consentir à l'alié-
« nation des biens de l'État, ou de ceux qui font partie

« de la dotation de la couronne, sur la proposition de
« l'intendant de la liste civile. »

Les dispositions des cinq paragraphes qui précèdent
n'existaient pas dans la loi de 1833. Là du moins
on avait compris la profonde différence qui distingue les cessions de propriété d'avec les traités sur
le prix ; on avait voulu que pour les biens des incapables l'expropriation fût toujours prononcée par
justice, et on n'avait autorisé les tuteurs et administrateurs à accepter que les offres postérieures au jugement (art. 25 et 26). Cette restriction était parfaitement justifiée. Sans doute la position personnelle du
propriétaire, quelque intéressante qu'elle soit, ne
saurait l'exempter des sacrifices commandés par l'intérêt général ; mais, comme l'avait fort bien vu la
Chambre des pairs, permettre aux représentants des
incapables d'aller au-devant de l'expropriation, « c'é-
« tait autoriser la vente amiable de biens qui ne sont
« aliénables, aux termes du droit commun, que sous
« des formes solennelles et spéciales » (*Moniteur,*
1833, p. 1308). Au contraire, une fois l'expropriation
prononcée, le même danger n'existe plus, et les incapables sont souvent intéressés à ce que quelqu'un
ait la faculté de transiger en leur nom sur l'indemnité

qui leur est due, afin d'éviter la condamnation aux frais qui serait la conséquence du refus d'une offre suffisante. (Art. 40.)

Il est vrai, et nous sommes les premiers à en convenir, que, par rapport aux mineurs, interdits, absents et femmes mariées, le nouvel article 13 a coupé court aux critiques de 1833, en exigeant du tribunal le même examen que quand il est appelé à rendre le jugement d'expropriation; mais c'est donc que le législateur a reconnu qu'en dehors de l'intervention de justice il ne pouvait y avoir aucune garantie de la nécessité de la cession, et un pareil aveu n'est ni plus ni moins que la condamnation par la loi elle-même de tout son système de cessions amiables.

D'ailleurs, à côté des incapables du droit civil, il y a ceux du droit administratif, dont les immeubles peuvent être cédés sans homologation judiciaire; or, en ce qui concerne particulièrement l'État, dont les biens sont cédés à l'amiable sur le consentement du seul ministre des finances, une discussion récente a démontré qu'on pouvait craindre des aliénations illégales, et, pour dissiper les appréhensions que cette découverte a fait naître, peut-être faudrait-il une garantie plus sérieuse que l'engagement pris par le ministère d'alors, de soumetttre à la sanction législative les expropriations d'immeubles domaniaux qui, étant d'une valeur supérieure à un million, ne devraient être vendus qu'en vertu d'une loi. (*Discussion, au Corps législatif, de la loi sur l'aliénation des terrains du Luxembourg,* 28 avril, 4 mai 1869; — *Moniteur* des 13 et 14 mars 1869.)

Parcourons maintenant, aussi rapidement que possible, les différentes classes d'incapables dont les intérêts sont en jeu.

D'après les articles 457 et 458 du Code civil, les immeubles appartenant à des mineurs ne peuvent être aliénés qu'avec l'autorisation du conseil de famille et l'homologation du tribunal. La loi du 3 mai 1841 dispense le tuteur de consulter le conseil de famille pour consentir à la cession de l'immeuble, mais elle laisse subsister l'obligation de s'adresser au tribunal. La demande en autorisation est formée par simple requête, c'est-à-dire avec le ministère d'un avoué. (Circ. trav. pub., 17 septembre 1857; — S. 57, I, 398; 53, II, 576.)

Nous pensons, malgré l'opinion contraire de MM. de Lalleau et Jousselin (n° 697), que le tribunal auquel doit être adressée la requête est celui du lieu d'ouverture de la tutelle, seul compétent, aux termes de l'article 458 du Code civil, pour autoriser l'aliénation des immeubles du mineur, en quelque lieu qu'ils soient situés.

Les lois sur la tutelle des mineurs étant applicables à celle des interdits (C. 509), l'aliénation amiable de leurs immeubles pour cause d'utilité publique est soumise aux mêmes formalités.

Le mineur émancipé peut traiter directement de la cession de son immeuble avec l'assistance de son curateur et l'autorisation du tribunal. (C. 484.)

La cession amiable d'immeubles appartenant aux individus placés dans les établissements d'aliénés peut être consentie par les personnes auxquelles la loi du 30 juin 1838 donne mission de représenter ces incapables.

En principe, le prodigue n'a pas besoin de l'autorisation du tribunal pour aliéner ses immeubles. Il lui suffit de l'assentiment de son conseil judiciaire. Ce n'est que dans le cas où ce conseil ne voudrait ou ne pourrait pas donner son autorisation qu'il y aurait lieu de s'adresser à la justice, suivant les formes tracées par l'article 13.

C'est seulement à défaut du consentement du mari que l'intervention du tribunal est nécessaire pour l'aliénation des immeuble, de la femme, autres que les immeubles dotaux. Quant à ces derniers, ils ne peuvent être aliénés, même avec l'autorisation de justice, que dans les cas prévus par les articles 1555 et suivants du Code. Notre article 13 apporte donc une exception de plus à l'inaliénabilité dotale, en permettant l'aliénation amiable de l'immeuble pour cause d'utilité publique.

Des cessions amiables peuvent également être passées avec l'autorisation du tribunal par l'héritier bénéficiaire, le curateur à une succession vacante et le syndic d'une faillite.

Quant aux biens des absents, l'article 13 ne leur est applicable que pendant l'envoi en possession provisoire. En effet, durant la présomption d'absence, l'administrateur nommé par le tribunal n'a pas qualité pour aliéner ni compromettre (C. 113), et après l'envoi en possession définitive ceux auxquels cet envoi est accordé sont considérés comme propriétaires.

L'époux qui a opté pour la continuation provisoire de la communauté est assimilé à l'envoyé en possession provisoire.

L'article 13 de la loi du 3 mai 1841 s'applique aux biens provenant des majorats ou grevés de substitution.

L'autorisation du tribunal n'est pas exigée pour l'aliénation amiable des biens de l'État, des départements, des communes, des établissements publics et de la liste civile.

De plus, tandis que les biens des départements, des communes et établissements publics ne peuvent ètre cédés à l'amiable qu'après le dépôt des plans parcellaires, le ministre des finances et l'administration de la liste civile ont le droit de consentir seuls et à toute époque les expropriations d'immeubles dépendant des domaines de l'État et de la couronne. (Art. 13, § 5; sénatus-consulte des 23 avril-1ᵉʳ mai 1856.)·

Remarquons, en terminant, que quand les divers intéressés sont capables, ils peuvent traiter avec l'administration à quelque moment que ce soit; la convention qui intervient produit les mèmes effets qu'un jugement d'expropriation dès lors qu'elle a été précédée d'une déclaration d'utilité publique.

Au contraire, lorsque l'expropriant se trouve en face de propriétaires incapables, il faut, pour que leurs représentants puissent consentir à la cession, avec ou sans règlement d'indemnité, que l'immeuble ait été compris dans les plans déposés en conformité de l'article 5. (Art. 13, § 1.)

MM. de Lalleau et Jousselin (n° 686) pensent que cette disposition ne doit pas être prise au pied de la lettre, que la loi a voulu seulement que la cession fût forcée, et que, dès lors, le tribunal peut l'autoriser même avant le dépôt des plans si elle lui paraît inévitable. Nous ne saurions partager cette manière de voir. En premier lieu, nous ne comprenons pas comment, dans le plus grand nombre de cas, le tribunal, à défaut du plan parcellaire, aurait le moyen de s'assurer de la nécessité de la cession; et même, nous avons montré que cette nécessité ne résulterait pas suffisamment du dépôt dès plans parcellaires, formalité qui, en provoquant les observations des intéressés, a précisément pour but de mettre l'administration à même de modifier son projet primitif. Pour être conséquents avec l'intention qu'ils prêtent à la loi, MM. de Lalleau et Jousselin seraient donc forcés de décider que l'autorisation du tribunal, loin de précéder le dépôt du plan, ne devrait jamais intervenir qu'après l'arrêté de cessibilité. Quoi qu'il en soit, il nous semble que, lorsqu'il s'agit de dispositions aussi exceptionnelles; il faut s'attacher rigoureusement aux termes de la loi; et d'ailleurs, tel qu'il est, le texte donne déjà trop de latitude à l'administration pour que nous n'éprouvions pas la plus grande répugnance à en étendre l'application.

Le moment n'est peut-être pas éloigné où ces importantes questions s'imposeront de nouveau à l'attention du gouvernement. Puisse le législateur, mieux inspiré cette fois, faire rentrer les cessions amiables sous l'empire du droit commun, en laissant l'administration libre de traiter à ses risques et périls quand elle n'y verra pas d'inconvénients, et en l'obligeant à s'adresser à la justice quand elle craindra de ne pas arriver à s'entendre avec tous les intéressés !

Il nous faut maintenant envisager les deux dernières hypothèses qui sont encore à résoudre : celle où l'administration incorpore dans le domaine public une propriété particulière avant l'accomplissement des formalités d'expropriation, et celle où un immeuble est acquis sur la réquisition du propriétaire. Assurément, quand nous refusons au consentement mutuel de l'administration et du propriétaire l'effet d'opérer l'expropriation, ce n'est pas pour admettre une pareille conséquence là où il n'y a de consentement que d'un seul côté, et dans ces deux cas du moins, à défaut d'un texte formel dans un sens ou dans un autre, le silence de

la loi permet à la jurisprudence de décider conformément à la raison et aux règles du droit.

SECTION II.

On a vu parfois l'administration s'approprier illégalement des immeubles, et les affecter sans autre forme
de procès à une destination d'utilité publique. Dans
cette situation, MM. de Lalleau et Jousselin (n° 912)
estiment que ce n'est pas parce que le propriétaire s'est
trouvé privé de quelques-unes des garanties que la loi
lui accorde, qu'il devrait perdre celles qu'il est encore
à même de réclamer. Ces auteurs pensent donc qu'il
y aura lieu à un règlement d'indemnité par le jury ;
et comme, suivant eux, le jury ne peut être convoqué
qu'en vertu d'un jugement d'expropriation, ils appliquent par voie d'analogie, au cas qui nous occupe, les
dispositions de l'article 14, § 2, en décidant que le
propriétaire dépossédé est fondé à requérir l'expropriation de son immeuble.

Cette opinion ne nous paraît nullement justifiée.
En effet, comme la spoliation dont le propriétaire a été
victime n'a pu lui faire perdre son droit de propriété,
on ne saurait évidemment, M. de Lalleau en convient

lui-même, lui refuser l'action en revendication. Comment donc se prétendrait-il exproprié quand l'action en revendication lui est ouverte; et s'il n'est pas exproprié, à quel titre se présenterait-il devant le jury?

On répond que le propriétaire ne poursuivra le règlement de l'indemnité qu'après qu'il aura été régulièrement exproprié par un jugement. Cependant, pour qu'un propriétaire soit admis à invoquer l'article 14, § 2, il faut que l'arrêté de cessibilité soit rendu; or il peut arriver que la prise de possession illégale ait eu lieu avant tout arrêté du préfet, et même avant toute déclaration d'utilité publique. MM. de Lalleau et Jousselin éludent la difficulté en dispensant le propriétaire de justifier au tribunal de l'accomplissement de ces formalités, qui, disent-ils, « sont établies dans son « intérêt et afin de prouver la nécessité de le dé- « posséder de son immeuble. » Mais ils oublient que les tribunaux ne peuvent prononcer l'expropriation qu'autant que l'utilité en a été déclarée et constatée dans les formes tracées par la loi (art. 2). Ces formes ne sont donc pas seulement des garanties accordées au propriétaire, et auxquelles il peut renoncer si bon lui semble, elles constituent l'un des éléments substantiels de l'expropriation, à défaut duquel toute prise de possession n'est plus qu'un attentat contre la propriété tombant sous l'application du droit commun; et, en droit commun, le propriétaire dépossédé ne peut jamais contraindre l'usurpateur de son immeuble à s'en rendre acquéreur; il ne peut que l'expulser par l'action possessoire ou pétitoire.

Ces deux actions donnent d'ailleurs aux propriétaires des moyens parfaitement efficaces de résister aux entreprises illégales, puisqu'elles leur permettent de faire ordonner en référé la cessation des travaux, d'attaquer le préfet en complainte ou en réintégrande, enfin de revendiquer l'immeuble, sans préjudice des dommages-intérêts qui pourront leur être alloués pour le trouble apporté à leur jouissance, et qui n'ont rien de commun avec le prix d'une expropriation. (Dijon, 10 août 1858; Sellenet. S. 59, II, 462.)

Et à supposer même que, les travaux entrepris sur l'immeuble en ayant occasionné la destruction complète, l'action réelle fût éteinte, comme il ne pourrait pas être question d'exproprier une propriété qui n'existe plus, ce n'est pas devant le jury que devrait être portée l'action en indemnité, seule voie désormais ouverte au propriétaire. Nous ne croyons pas cependant que cette action doive être portée devant les conseils de préfecture, lors même que la destruction de l'immeuble serait le résultat d'un travail public; car, si les tribunaux administratifs peuvent connaître de la démolition d'un édifice occasionnée accidentellement par l'ouverture d'une route ou d'un canal, ils cessent d'être compétents dès que l'administration s'attaque au droit même du propriétaire, dès qu'elle s'empare d'une propriété privée. (Serrigny, *Compétence*, n° 791 ; — S. 39, I, 16 ; — Cons. d'État, 7 janvier 1864.)

Par conséquent, dès lors que nous ne nous trouvons dans les termes ni de l'une ni de l'autre des deux lois exceptionnelles du 28 pluviôse an VIII et du 3 mai 1841, nous retombons forcément dans le droit commun, c'est-à-dire dans la compétence judiciaire. (S. 51, I, 190;—Lebon, 1857, 272;—S. 60, II, 395; 63, II, 172.)

Tout au plus le système de MM. de Lalleau et Jousselin pourrait-il être admis dans un seul cas où il offrirait quelques avantages pratiques : c'est lorsque l'immeuble dont le propriétaire s'est laissé déposséder est réellement nécessaire à des travaux dont l'utilité publique a été déclarée, car il serait alors bien rigoureux de forcer l'administration à délaisser une propriété qu'elle pourra venir réclamer quelques jours plus tard au nom de l'intérêt général. Il serait donc plus ration-

nel d'accorder au propriétaire, s'il juge que sa dépossession n'est plus qu'une affaire de forme la faculté
de renoncer à une revendication stérile et le droit de
demander une indemnité devant le jury; mais pour
arriver à ce résultat, est-il donc besoin, comme le prétendent nos adversaires, de faire rendre un jugement
d'expropriation que le tribunal ne pourrait prononcer
sans excès de pouvoir? Est-il nécessaire de recourir
au paragraphe 2 de l'article 14, dont le but est de
vaincre les lenteurs de l'administration, et non de l'arrêter dans ses empiétements? Nullement; il suffira de
procéder conformément au paragraphe 5 du même article, aux termes duquel, quand le propriétaire consent
à la cession, le tribunal peut désigner le magistrat directeur du jury, sans rendre le jugement d'expropriation, et sans avoir à vérifier l'accomplissement des
formalités qui ont pour objet la désignation des immeubles à exproprier, pourvu, bien entendu, qu'il y ait
une déclaration d'utilité publique.

Ce mode de procéder aura, sans doute, par rapport
aux tiers, tous les inconvénients des cessions amiables,
mais il deviendra complétement sans danger le jour
où la loi ne permettra plus au propriétaire de transiger
que sur les droits qui lui sont propres.

SECTION III.

L'article 50 est ainsi conçu : « Les bâtiments dont
« il est nécessaire d'acquérir une portion pour cause
« d'utilité publique seront achetés en entier si les pro-
« priétaires le requièrent par une déclaration formelle
« adressée au magistrat directeur du jury dans les
« délais énoncés aux articles 24 et 27.

« Il en sera de même de toute parcelle de terrain
« qui, par suite de morcellement, se trouvera réduite
« au quart de la contenance totale, si toutefois le pro-
« priétaire ne possède aucun terrain immédiatement
« contigu, et si la parcelle ainsi réduite est inférieure
« à dix ares. »

Dans ce cas, comme dans celui prévu par l'article 14, § 2, où le propriétaire, prenant les devants,
force l'administration à donner suite à l'arrêté de cessibilité, les rôles sont intervertis entre l'État et les
particuliers. Mais la similitude est-elle complète, et,
dans l'hypothèse de l'article 50, l'action aboutit-elle
également à une expropriation? MM. de Lalleau et
Jousselin l'affirment, parce que, « du moment que l'ac-
« ception de l'administration est forcée, il est bien

« certain que l'expropriation a lieu pour le tout, et
« qu'ainsi il n'y a pas à distinguer entre ce qui est
« forcé et ce qui est volontaire de la part du proprié-
« taire, puisque tout est forcé de la part de l'admi-
« nistration. » (N° 849, t. II, p. 152.)

A notre avis, c'est dénaturer le sens du mot *expropriation* que de lui donner une acception semblable.
Ce mot, aussi bien que les expressions synonymes em-
ployées par Pothier et Merlin, *vente forcée pour le
bien public, retrait d'utilité publique*, renferme au
plus haut point l'idée d'une contrainte imposée par
l'État et subie par le citoyen, d'une cession obligatoire
et non d'une acquisition nécessaire, au lieu que la mutation de propriété prévue par l'article 50 est faculta-
tive pour le propriétaire et forcée pour l'administration;
c'est donc le nom d'*appropriation forcée* plutôt que
celui d'*expropriation* qu'il conviendrait de lui donner.
Cette conclusion, du reste, est conforme aussi bien
aux principes qu'au sens grammatical des mots; car,
tandis que l'expropriation est essentiellement restreinte
aux exigences de l'utilité publique, l'acquisition requise par le propriétaire ne s'applique qu'à des terrains inutiles aux travaux.

Mais de ce que ces acquisitions forcées ne peuvent

être rangées parmi les cas d'expropriation, s'ensuit-il qu'elles soient l'équivalent des cessions amiables? Pas davantage, puisque le contrat amiable suppose le concours de deux volontés, et qu'ici l'administration n'est pas libre de refuser son consentement.

Pour nous, l'exercice de la faculté accordée au propriétaire par l'article 50 ne peut se comparer avec quelque raison qu'à l'acceptation d'une offre d'acquérir faite par la loi au lieu et place de l'administration.

Nous sommes d'ailleurs convaincu qu'en assimilant l'acquisition forcée à une expropriation, MM. de Lalleau et Jousselin n'ont eu pour but que de justifier l'intervention du jury, chargé, à défaut d'arrangements amiables, du règlement de l'indemnité afférente à la portion restée en dehors des travaux, intervention qui, pour nous, n'est qu'une exception rendue indispensable par les difficultés inhérentes à la situation faite à l'État vis-à-vis des propriétaires.

Il en résulte que, tout en différant complétement d'avec ces auteurs sur la nature du droit, nous allons nous trouver généralement d'accord avec eux sur ses effets, son étendue et son mode d'exercice.

I. — Ses effets, à peine avons-nous besoin de le dire, sont ceux d'une vente ordinaire. La Cour de cassation l'a reconnu formellement dans un arrêt du 14 juillet 1847 (D. 47, I, 25), et nous ne croyons pas qu'en déclarant les acquisitions forcées exemptes du droit de timbre et d'enregistrement, la même Cour ait entendu revenir sur sa jurisprudence (D. 51, I, 235). D'après l'article 58, en effet, cette dispense ne s'applique pas seulement aux actes qui opèrent l'expropriation, mais, ce qui est bien différent, aux actes qui sont passés en vertu des lois d'expropriation, à commencer par les rétrocessions aux anciens propriétaires des terrains restés sans emploi, lesquelles sont tout l'opposé d'une expropriation. (Art. 60.)

L'acquisition forcée par suite de morcellement fait donc de l'Etat un simple ayant cause du propriétaire, tenu comme lui de respecter les droits d'usufruit, de servitude et de bail, et comme lui exposé aux actions résolutoires et hypothécaires. D'où cette conséquence que les tiers, dont tous les droits sont maintenus, ne peuvent réclamer aucune indemnité pour la partie acquise en dehors du périmètre exproprié.

Une fois la réquisition adressée à l'administration, le propriétaire n'a plus le droit de la rétracter, car le contrat est formé par le concours des deux volontés, « celle de l'exproprié manifestée par la réquisition et

« celle de l'expropriant présumée et imposée par la
« loi. » (M. Saint-Raymond, p. 258.)

Mais, tout en reconnaissant à cette réquisition l'effet
d'engendrer des obligations réciproques entre l'administration et le propriétaire, nous ne croyons pas qu'elle
constitue la vente parfaite, translative de propriété,
car il ne peut y avoir de vente que là où il y a accord
sur le prix, et cet accord existe tellement peu dans
l'espèce que l'on ignore encore si l'indemnité sera
fixée à l'amiable ou par le jury, en sorte que l'on ne
peut même pas dire que le prix soit censé déterminé
comme ayant été remis à l'arbitrage d'un tiers.
(C. art. 1592.)

II. — Dans quel cas le propriétaire peut se prévaloir de l'article 50, c'est ce que le texte indique de la
manière la plus claire. Quand un bâtiment est atteint
par l'expropriation, tous les bâtiments avec lesquels
il fait corps doivent être acquis ; quand une propriété,
quelle que soit sa nature, est réduite au quart de sa
contenance totale et à moins de dix ares, le propriétaire,
s'il ne possède aucun terrain immédiatement contigu,
est fondé à en requérir l'acquisition.

Mais ce droit s'étend-il de la propriété superficiaire
à la propriété souterraine et réciproquement ?

Au point où nous en sommes, la question est pour ainsi dire résolue.

Nous savons en effet, que l'État a non-seulement le pouvoir mais encore le devoir étroit de borner son expropriation à ce qui est strictement nécessaire pour l'utilité publique, et que ce droit de morcellement, que l'article 50 affirme par cela seul qu'il le restreint dans une circonstance déterminée, n'a d'autres limites, en dehors de ce cas spécial, que la nature même des choses.

Et d'abord, il nous parait incontestable que l'administration ne pourrait se contenter de prendre pour ses travaux la superficie d'un immeuble en laissant le sous-sol à l'exproprié. Toutes les fois en effet qu'ils ne se trouvent pas constitués en propriétés distinctes, auquel cas ils deviennent susceptibles d'être expropriés l'un sans l'autre, le tréfonds et la surface ne sont que l'accessoire du sol, et ils doivent le suivre dans tous ses déplacements, en vertu de la règle que la propriété du sol emporte celle du dessus et du dessous. (D. 59, I, 25.)

Mais, de ce que la propriété du sol est réputée s'étendre indéfiniment en hauteur et en profondeur, il ne s'ensuit pas que le dessus et le dessous ne forment qu'un seul et même tout indivisible, et que le tréfonds

ne puisse être exproprié sans la superficie; la preuve
en est qu'en prescrivant la surface on prescrit le
sous-sol, tandis que la prescription du sous-sol n'en-
traînerait pas celle de la surface, par la raison bien
simple que c'est l'accessoire qui suit le sort du principal et non le principal qui suit le sort de l'accessoire.

La prétention de faire considérer l'expropriation du
sous-sol comme donnant ouverture au droit de réquisition s'est produite, pour la première fois, à Paris,
à l'occasion du percement des tunnels du chemin de
fer de ceinture. Favorablement accueillie en première
instance et en appel, elle a été repoussée comme elle
devait l'être, le 1ᵉʳ août 1866, par la Cour de cassation. (D. 66, I, 305.)

Les tribunaux n'avaient pas non plus à se préoccuper du préjudice que les travaux souterrains occa-
sionnent au surplus de la propriété, car, à défaut
d'acquisition totale de son immeuble, le propriétaire
a toujours le droit de réclamer un supplément d'indemnité pour la dépréciation de la partie qui lui
reste.

L'annotateur de l'arrêt, dans le recueil de M. Dalloz,
se demande si du moins il ne serait pas permis de

requérir l'acquisition totale du tréfonds dont une partie seulement serait traversée par les travaux.

Nous ne comprenons pas bien les avantages de cette combinaison qui aggraverait encore la dépréciation causée à la superficie, sans aucune utilité pour l'État, et sans que le propriétaire pût s'en prévaloir pour réclamer une indemnité, puisqu'il ne devrait s'en prendre qu'à lui-même de ce surcroît de dommage.

Ajoutons que si les travaux souterrains venaient s'attaquer aux fondations des édifices qui couvrent la superficie, l'on retomberait dans l'un des cas prévus expressément par l'article 50 comme donnant lieu à la réquisition; ainsi se trouve résolue la question de savoir jusqu'à quelle hauteur l'expropriant peut creuser impunément.

III. — Comment et par qui le droit de réquisition peut-il être exercé?

D'après l'article 50, la réquisition devrait être adressée au magistrat directeur du jury; mais il a été reconnu que c'était là un vestige de l'ancien système abandonné en 1841, et qu'aujourd'hui la notification, comme toutes les autres, doit en être faite à l'administration ou à la Compagnie expropriante. (De Lalleau, n° 846; D. 56, I, 333.)

Elle ne peut avoir lieu qu'après le jugement d'expropriation prononcé, car c'est alors seulement que se produit le morcellement dont le droit de réquisition est la conséquence. Si l'acquisition de tout l'immeuble avait lieu par une seule et même cession amiable, comme il serait impossible de distinguer ce qui est nécessaire de ce qui est inutile aux travaux, et que les cessions amiables produisent les mêmes effets que le jugement d'expropriation, il y aurait expropriation pour le tout. (Art. 19.)

Le délai de réquisition est le même que celui d'acceptation des offres, c'est-à-dire de quinze jours ou d'un mois, suivant que le propriétaire est ou non capable. (Art. 25 et 27.)

Et il faut remarquer que, dans ce dernier cas, les formalités à observer sont celles du Code civil et non les formes plus abrégées tracées par les lois spéciales pour les cessions amiables; car alors, pour dispenser les mineurs et femmes mariées des règles du droit commun, personne ne peut prétendre que l'aliénation soit forcée. (De Lalleau, n° 844.)

Par les mêmes motifs, l'exercice du droit de réquisition demande, de la part du requérant, la capacité nécessaire pour disposer de l'immeuble. Il ne peut

donc être accordé qu'au propriétaire, et non à l'usufruitier ni au locataire qui ne peuvent disposer que de
leurs droits de bail et d'usufruit, auxquels l'article 50
est évidemment inapplicable. (V. cependant Paris,
6 mai 1854 ; — S. 55, II, 225.)

Et par là, les intérêts de ces tiers ne seront aucunement compromis. L'usufruitier, indépendamment de
la jouissance de l'indemnité accordée du propriétaire
pour la partie expropriée, a droit à un dédommagement pour le préjudice qui lui est personnel, notamment pour le déménagement auquel il peut se trouver
contraint par la démolition d'une partie de l'immeuble
sujet à l'usufruit.

Quant au locataire, outre l'indemnité qui représente
la jouissance de la partie expropriée, il lui est toujours
permis de réclamer soit une diminution de loyer, soit
la résolution complète de son bail qui se trouve résilié en partie par un événement de force majeure auquel les dispositions de l'article 1722 du Code civil
semblent parfaitement s'appliquer. (De Lalleau, n° 851;
— S. 62, II, 421.)

Le propriétaire seul peut donc invoquer le bénéfice
de l'article 50, et même MM. de Lalleau et Jousselin
ne lui permettent d'en user qu'avec l'assentiment des

divers intéressés (N° 845). C'est aller, à notre avis, beaucoup trop loin, et nous serions tenté de demander depuis quand le propriétaire a besoin du consentement de qui que ce soit pour disposer de sa propriété, alors surtout que l'aliénation doit laisser intacts les droits des tiers. Nous ne sommes pas moins étonné de voir l'opinion de ces auteurs fondée sur ce que l'existence d'un droit réel pourrait créer à l'État des difficultés pour la revente du surplus de l'immeuble, car, plus la propriété est grevée, moins l'administration aura dû la payer cher.

C'est aux tribunaux et non au jury qu'il appartient de trancher les difficultés qui s'élèvent sur l'exercice du droit de réquisition. Le jury ne peut que fixer une indemnité alternative, et renvoyer les parties, pour se la faire attribuer, devant la juridiction civile. MM. Gillon et Stourm critiquent cette solution par le motif que ce n'est point là une question judiciaire mais une question de fait consistant à savoir si le propriétaire a été réellement exproprié d'une quantité de terrain formant le quart de sa propriété, et que toutes les questions de fait sont réservées au jury. Mais on peut répondre que le jury cesse d'être compétent toutes les fois qu'il s'élève des difficultés étran-

gères à la fixation du montant de l'indemnité et non
pas seulement lorsqu'il y a litige sur le fond du droit.
(L. du 3 mai 1841, art. 39, § 4; —de Lalleau, n° 847;
— Dall., 38, I, 366.)

Ainsi, nous croyons l'avoir démontré, soit que
l'administration traite avec le propriétaire, soit qu'elle
s'empare illégalement de son immeuble, soit qu'elle
subisse l'obligation d'acquérir le surplus des terrains
morcelés par les travaux, la dépossession n'étant pas
l'œuvre de la justice, les principes s'opposent à ce
qu'elle soit accompagnée des effets exorbitants à l'exa-
men desquels nous avons consacré les IIe et IIIe chapitres de cette étude. Il nous reste à déterminer l'épo-
que à la quelle s'opèrent ces effets lorsqu'ils doivent
se produire, et ce sera l'objet de notre chapitre V.

CHAPITRE V

Comme on a pu le remarquer, pendant toute la période administrative de la procédure, l'expropriation n'est qu'une menace, vague et indécise jusqu'à la désignation des propriétés à acquérir, plus directe après cette désignation, mais dont l'effet reste suspendu tant que le jugement n'est pas prononcé. Avant comme après l'arrêté de cessibilité, les droits réels ou personnels dont l'immeuble est l'objet demeurent parfaitement intacts, et cet arrêté n'a même pas le caractère conservatoire de la saisie, qui, sans rien enlever non plus au propriétaire, frappe cependant entre ses mains la propriété d'une sorte d'interdit.

C'est donc, sauf la très-regrettable exception introduite en faveur des cessions amiables, le jugement seul qui fait passer les risques de la chose à la charge de l'expropriant, et qui enlève aux titulaires des différents droits établis sur l'immeuble le pouvoir d'en disposer à quelque titre que ce soit.

Et encore certains auteurs voudraient-ils reculer cette conséquence jusqu'après le payement de l'indemnité, car c'est alors seulement, suivant M. Cotelle, que l'atteinte portée à la propriété devient légitime ; jusque-là elle ne constitue qu'un acte de violence qui ne peut conférer de droits ni à l'État ni aux particuliers, puisque l'article 545 du Code civil ne veut point que personne soit contraint de céder sa chose, si ce n'est moyennant une juste et préalable indemnité. (*Droit adm.*, p. 447.)

Cette argumentation, fort ingénieuse sans doute, n'est pas faite pour nous toucher. En effet, l'indemnité, qu'il faut considérer, nous l'avons vu, comme la réparation d'un dommage causé et non comme un prix de vente, n'est due évidemment qu'autant que le dommage existe. Le législateur n'a donc pas pu exiger qu'elle précédât l'expropriation ; il demande seulement qu'elle soit acquittée préalablement à toute contrainte exercée contre le propriétaire. Or, s'il y a dommage dès que la propriété est transférée, il n'y a contrainte qu'au moment où le propriétaire est forcé d'abandonner l'immeuble à l'administration.

Qu'importe d'ailleurs l'article 545, quand nous avons une loi d'expropriation? Qu'elle ait ou non dérogé aux règles du Code, cette loi spéciale et postérieure n'en devrait pas moins être suivie, et elle décide : 1° que l'expropriation s'opère par autorité de justice (art. 1); 2° qu'elle a pour effet de convertir immédiatement en créance le droit du propriétaire (art. 18).

Veut-on maintenant recourir aux travaux préparatoires? « Remarquez, » disait, à la Chambre des pairs, M. Vivien, garde des sceaux, « quelle est la situation « du propriétaire après le jugement d'expropriation; « il n'a plus aucun droit sur la chose même, il n'a plus « qu'un recours ultérieur à exercer contre l'État. »

Et M. Persil ajoutait : « Je répète qu'immédiate- « ment après le jugement d'expropriation, c'est l'État « qui est propriétaire; l'ancien propriétaire n'est plus « que créancier. » (*Moniteur*, 1840, p. 1016.)

Aussi, à la différence de l'arrêté de cessibilité qui peut être rapporté tant qu'il n'a pas été sanctionné par la justice, le jugement ouvre au profit du propriétaire l'action en indemnité, sans qu'il soit permis à l'État de s'y soustraire en renonçant à l'expropriation. (Art. 55.)

Il faut remarquer, cependant, qu'en sa double qualité d'acte translatif et de sentence judiciaire, le jugement d'expropriation devrait, d'après le droit commun, ne produire ses effets vis-à-vis des tiers que sous la condition suspensive de transcription, et rester soumis en outre, à l'égard de tous, à la condition résolutoire du pourvoi en cassation.

Les deux premières sections de ce chapitre auront pour objet de rechercher jusqu'à quel point chacune de ces deux conditions est applicable au jugement d'expropriation ; nous consacrerons une dernière section à examiner comment les choses se passent quand le jugement d'expropriation n'est pas rendu.

SECTION I.

Jusqu'en 1855 il n'avait paru à personne que l'efficacité du jugement qui attribue un immeuble à l'État pour cause d'utilité publique fût subordonnée à la transcription. En effet, la loi du 3 mai 1841, promulguée à une époque où cette formalité n'était plus exigée en matière ordinaire, soit pour rendre la transmission de propriété opposable à tous, soit pour arrêter le cours des inscriptions, déclarait tous les droits réels immédiatement résolus, et faisait de la transcription

ce qu'elle était déjà dans le Code civil et le Code de
procédure, c'est-à-dire le premier acte de la purge et
le point de départ du délai de quinzaine laissé aux
créanciers pour s'inscrire, en déclarant expressément
que le défaut de purge n'empêcherait pas l'expropriation d'avoir son cours. (Art. 19, § 3.)

En est-il autrement depuis que la loi du 23 mars 1855,
revenant aux véritables principes trop longtemps mé-
connus, a rétabli dans la législation civile la transcription
comme moyen translatif de la propriété à l'égard des
tiers? On serait tenté de le croire, malgré le silence
du texte, quand on considère que la loi du 3 mai 1841
reproduit presque littéralement les règles du droit commun jadis en vigueur, et qu'il n'est pas jusqu'au délai
de quinzaine renouvelé du Code de procédure où l'on
ne puisse voir l'application pure et simple au cas
d'expropriation des dispositions générales aujourd'hui
abrogées.

Toutefois, pour que cette raison fût décisive, il faudrait que le rôle secondaire assigné à la transcription
dans la loi d'expropriation ne pût s'expliquer par aucun
motif spécial; car si le législateur avait trouvé en 1833
et 1841 certains des effets propres aux acquisitions
d'utilité publique convertis, par une étrange confusion,

en régime normal de la propriété, on comprendrait fort bien qu'il se fût référé purement et simplement à un système qui fonctionnait déjà et qui répondait parfaite-ment aux besoins de la situation, quelques inconvénients que ce système pût offrir en règle générale.

Or nous ne voyons pas que la transcription, si utile entre particuliers pour prévenir les dangers d'éviction que comporteraient les ventes occultes, puisse avoir d'utilité pour personne dans un cas où la propriété doit demeurer à l'État quoi qu'il arrive. Que veulent donc les auteurs qui prétendent appliquer à l'expropriation la loi du 23 mars 1855? Forcera-t-on par hasard l'admi-nistration à céder la place à quiconque aura fait trans-crire avant elle? Lui fera-t-on simplement recommen-cer la procédure contre ce nouveau prétendant? Non, certes, dit M. Mourlon; et de fait, l'une ou l'autre conclusion serait la condamnation de sa théorie. Dans sa pensée, il ne s'agit que « d'attribuer par préférence « le prix de l'immeuble à tous ceux qui, ayant acquis « des droits réels, soit avant, *soit même après* l'expro-« priation, ont eu soin de les conserver en procédant « en temps utile à la transcription de leur titre. » Ainsi se trouverait concilié l'intérêt public avec les égards dus à la bonne foi, sans préjudice pour l'administration à laquelle il doit être indifférent de payer à Pierre ou à Paul. (*Traité de la transcription*, n° 88.)

Mais d'abord nous voici bien loin du droit commun auquel M. Mourlon affecte de rattacher dès le principe les dispositions de la loi de 1841 sur la transmission de propriété; d'ordinaire, en effet, la transcription n'est que pour permettre à l'acquéreur de revendiquer l'immeuble en nature, elle ne constitue pas une cause légitime de préférence, et devient par conséquent impuissante sitôt que, pour une cause ou pour une autre, la revendication est impossible.

Et d'ailleurs ce n'est pas un droit de préférence que M. Mourlon consacre au profit du tiers acquéreur, c'est l'attribution exclusive de l'indemnité.

Quoi qu'il en soit, nous répondrons à celui qui a acheté depuis l'expropriation comme nous avons déjà répondu à l'usurpateur de l'immeuble cherchant à se prévaloir d'une prétendue prescription accomplie à son profit dans l'intervalle du jugement à la dépossession : en réclamant l'indemnité vous invoquez l'expropriation, vous reconnaissez donc l'Etat comme propriétaire à une époque antérieure à votre titre, vous avouez par conséquent avoir acquis d'un faux propriétaire.

Et qu'on ne nous accuse pas, ainsi que le fait M. Mourlon, d'être injustes envers un acquéreur indignement trompé ; car, du moment que l'immeuble lui échappe, la seule chose que cet acquéreur puisse réclamer de de bonne foi, c'est le remboursement du prix qu'il aura indûment payé ; or il lui suffira pour l'obtenir de se présenter à la distribution de l'indemnité comme créancier de son vendeur. On dit que ce recours est illusoire quand il y a des hypothèques sur l'immeuble ; mais, ou bien l'acquéreur a payé sans purger et il est inexcusable, ou bien il a purgé et alors il est subrogé de plein droit en vertu de l'article 1251, § 2 du Code civil dans tous les priviléges et hypothèques.

C'est donc avec raison qu'à la séance du Sénat du 8 mai 1855, M. Casabianca, rapporteur, déclarait qu'il n'était nullement dérogé à la loi du 3 mai 1841, « les « cas d'expropriation pour cause d'utilité publique « constituant un droit tout spécial qui, par sa nature « et par son but, reste en dehors du nouveau droit « commun ; » et ce rapport que M. Mourlon passe sous silence ne laisse de doute ni sur la résolution du législateur ni sur les considérations qui l'ont dictée.

La situation serait complétement différente si, l'immeuble ayant été aliéné avant l'expropriation, la transcription seule de l'acte avait eu lieu postérieurement.

Alors, en effet, la vente ayant été faite par le véritable propriétaire serait parfaitement valable, et quant au défaut de transcription, le vendeur ne serait pas fondé à l'opposer à son cocontractant. Aussi sommes-nous étonné que M. Mourlon cite cette hypothèse comme une de celles où les intérêts des tiers de bonne foi sont compromis, et qu'il en prenne texte contre notre système.

Le jugement d'expropriation étant la première atteinte portée à la propriété, c'est à partir de ce moment que nous allons voir s'ouvrir au profit de l'exproprié le droit de se pourvoir en cassation.

SECTION II.

Entre le système de la loi de 1810, qui soumettait le jugement d'expropriation aux mêmes recours qu'un jugement ordinaire, et la proposition de quelques députés qui auraient voulu le voir affranchi de toute espèce de révision, la loi de 1833 a pris un moyen terme en ne laissant à l'État comme aux particuliers que la faculté de se pourvoir en cassation; c'était, d'ailleurs, bien assez d'un seul degré de juridiction pour une instance sommaire où le droit et le fait sont constamment confondus.

Nous avons à nous demander en quelle forme doit être introduit et jugé le pourvoi, au profit de qui et dans quels cas il est admis, quelles en sont les conséquences.

I. — Lorsqu'il fut question de déterminer la forme du pourvoi, un député, M. Bernard, proposa d'adopter la même procédure qu'en matière criminelle, et le ministre du commerce adhéra au nom du gouvernement à cette proposition, ce qui ne veut pas dire évidemment que si les dispositions du Code d'instruction criminelle venaient quelque jour à être modifiées sur ce point, celles de la loi du 3 mai 1841 se trouveraient atteintes du même coup. Nous n'avons pas besoin d'ajouter que la nature de ces formes ne changent rien au caractère purement civil du recours exercé contre le jugement d'expropriation ; aussi le pourvoi n'est-il pas considéré comme suspensif. (*Moniteur*, 1833, p. 300.)

Le jugement peut être déféré à la Cour de cassation aussi bien par l'expropriant que par l'exproprié. Il est même à remarquer que c'est le commissaire du gouvernement qui a, le premier, réclamé le maintien du pourvoi dans l'intérêt de l'administration. (*Moniteur*, 1833, p. 229 et suiv.) Le préfet, seul compétent aux termes de l'article 69 du Code de Procédure civile pour figurer dans les instances domaniales, a, par suite, seul qualité pour former le pourvoi quand l'expropriation est poursuivie par l'État ; de même, s'il s'agit du département. Le maire peut se pourvoir quand l'expropriation intéresse une commune, les compagnies lorsque les travaux ont été concédés.

Art. 20, § 2. « Le pourvoi aura lieu au plus « tard dans les trois jours, à dater de la notifi-« cation du jugement, par déclaration au greffe du « tribunal. »

Les mots *au plus tard* ont été introduits dans la loi, en 1841, pour bien spécifier que le jugement peut être attaqué même avant la notification, et pour marquer en même temps que le délai n'est pas susceptible d'augmentation à raison des distances. (*Moniteur*, 1841, p. 521 ; 1833, p. 281.)

Toutefois, comme les trois jours accordés par l'article 373 du Code d'instruction criminelle au condamné pour se pourvoir sont francs, on en a conclu, avec raison, qu'il devait en être de même en matière d'expropriation. (De Lalleau, n° 234.)

La jurisprudence reconnaît également que le pourvoi doit être fait au greffe du tribunal, et non au greffe de la Cour de cassation (Dall., 1844, IV, 192), qu'il donne lieu, sauf de la part de l'État, à la consignation d'une amende, et que la quotité de cette amende est celle du pourvoi contre les jugements par défaut. (D. 39, I, 68 ; 39, I, 288 ; — Dev., 52, I, 720.)

Sont encore applicables, l'article 419 du Code d'instruction criminelle qui n'exige pas la production immédiate de la quittance de consignation, et l'article 422 du même code, qui accorde un délai pour la production des moyens de cassation. (Cass., 2 janvier 1843 ; 14 décembre 1842 ; 1ᵉʳ juillet 1834.)

Art. 20, § 2. Le pourvoi « sera notifié dans la « huitaine, soit à la partie au domicile indiqué par « l'article 15, soit au préfet ou au maire, sui- « vant la nature des travaux, le tout à peine de « déchéance. »

Il a été jugé que cette notification pouvait ne contenir ni assignation ni nomination d'avocat.

Certains auteurs veulent que le délai de huitaine parte du jour du pourvoi seulement (Tarbé, — *Lois et règlements de la Cour de cassation*, p. 112 et suiv.). Nous ne voyons pas cependant comment, à moins d'un texte précis, le délai accordé pour la notification d'un acte pourrait commencer à courir lorsque cet acte n'existe pas encore, et nous croyons qu'il ne faut pas abréger outre mesure un terme déjà si restreint. Notre opinion, partagée par MM. de Lalleau et Jousselin, s'appuie sur la jurisprudence de la Cour de cassation. (De Lalleau, nº 244 ; — Cass., 2 janv. 1843.)

Art. 20, § 3. « Dans la quinzaine de la notifica-
« tion du pourvoi les pièces seront adressées à la
« chambre civile de la Cour de cassation, qui statuera
« dans le mois suivant. L'arrêt, s'il est rendu par dé-
« faut à l'expiration de ce délai, ne sera pas suscep-
« tible d'opposition. »

Ici, comme en matière criminelle, la chambre des requêtes n'a pas à statuer sur l'admissibilité du pourvoi. (Art. 426, C. d'Inst. crim.)

Les pièces à produire devant la Cour de cassation sont d'abord le jugement lui-même, puis les documents au vu desquels le tribunal a statué, notamment le réquisitoire du ministère public, l'arrêté de cessibilité, le plan, et la déclaration d'utilité publique.

Des circulaires ministérielles rapportées par MM. Devilleneuve et Carrette *(Lois annotées,* 1845, p. 113), et transcrites par MM. de Lalleau et Jousselin (nº 247), ont réglé le mode de transmission de ces pièces, en s'inspirant, autant que possible, des articles 422, 423 et 424 du Code d'Instruction criminelle. La partie qui se pourvoit a dix jours pour déposer sa requête au greffe ; le greffier doit lui en donner un reçu et adresser la requête au préfet, qui la transmet immédiatement au ministre intéressé. Celui-ci la fait parvenir dans les vingt-quatre heures au greffe de la Cour de cassation, de telle façon que la Cour soit saisie dans la quinzaine de la notification du pourvoi, selon le vœu de l'article 20 de la loi du 3 mai 1841.

Ce mode est applicable aux pourvois formés par des particuliers, comme à ceux qui sont formés au nom de l'Etat, à moins que les parties n'aiment mieux faire remettre le dossier au greffe de la Cour par le ministère d'un avocat. *(Circulaire du Garde des sceaux* du 25 septembre 1845.)

La Cour de cassation doit statuer, dans le délai d'un mois, à l'expiration duquel l'arrêt, s'il est rendu par défaut, n'est pas susceptible d'opposition. Aussi, pour prévenir toutes les difficultés, la Cour a-t-elle soin de ne juger que quand il s'est écoulé un mois depuis la réception des pièces.

II. — Sur la foi des arrêts par lesquels la Cour de cassation refuse, très-justement suivant nous, le droit

de se pourvoir au locataire de l'immeuble exproprié,
les quelques auteurs qui ont traité la question étendent
cette incapacité aux usufruitiers et autres qui, disent-
ils, n'apparaissent avec un droit distinct qu'au moment du règlement de l'indemnité et sont jusque-là
légalement représentés par le propriétaire. (D. 54, I,
277 et la note ; 68, I, 405.)

Toutefois, on pourrait répondre que le droit médiat
et subordonné du locataire n'est pas à comparer avec
le droit direct et indépendant de l'usufruitier; tandis
que le locataire est toujours, et pour chacun de ses
actes de jouissance, l'ayant cause du bailleur, l'usufruitier, lors même qu'il tient ses droits du nu-propriétaire, n'est son ayant cause que pour les actes
antérieurs au moment où la jouissance a été constituée. Par conséquent, l'événement ultérieur qui menace son usufruit le frappe dans sa chose propre et non
dans la personne de ce nu-propriétaire. Dès lors, de
quel droit celui-ci viendrait-il représenter l'usufruitier,
et où est le texte qui consacre cette exception? Si l'article 15 se borne à exiger que le jugement soit notifié
au propriétaire, c'est que, dans l'impossibilité de connaître tous les ayants droit, l'on a voulu qu'au moins
le principal intéressé fût averti. Il est encore vrai

qu'en principe les jugements ne peuvent être déférés à la Cour de cassation que par ceux qui ont figuré dans l'instance ; mais la raison en est que, d'après l'article 1351 du Code, la chose jugée n'a d'autorité qu'entre les parties ; ici, au contraire, où tous les ayants droit sont atteints sans qu'aucun soit mis en cause, il faut reconnaître ou dénier indistinctement à tous la faculté de se pourvoir. N'y aurait-il pas enfin dans ce mandat légal imposé au propriétaire une grave responsabilité qu'il serait souverainement injuste de faire peser sur sa tête ?

Dans cet ordre d'idées, le jugement d'expropriation pourrait être attaqué par tous ceux qui, ayant sur l'immeuble un droit susceptible d'être exproprié, subissent une véritable expropriation lorsqu'ils en sont dépossédés dans un intérêt général.

Mais, malgré la valeur juridique de ces considérations, il ne serait pas possible d'en tenir compte sans tomber dans des complications de toute nature. En effet, le jugement d'expropriation, constituant pour chaque immeuble exproprié un tout indivisible, n'est pas susceptible d'être rétracté pour partie. En permettant à chacun des intéressés de l'attaquer pour son compte, on s'exposerait par conséquent, ou à des len-

teurs en pure perte ou à des contradictions mons-
trueuses. Il est peu probable d'ailleurs que les titulaires
des différents droits établis sur le même immeuble
apportent à l'appui de leurs requêtes des moyens différents. Tout ce qu'on peut craindre c'est que l'acquies-
cement inconsidéré du nu-propriétaire ne nuise à
l'usufruitier; mais un inconvénient de même nature
se rencontre, à un bien plus haut point encore, dans
les cessions amiables, et ces conséquences fâcheuses
sont malheureusement forcées dans le système actuel
qui, pendant toute la procédure d'expropriation, a constamment fait abstraction des démembrements de la
propriété.

Il est donc préférable de n'accorder le droit de faire
rescinder l'expropriation de l'immeuble qu'à celui-là
seulement qui a le titre de propriétaire, non pas qu'il
représente tous les intéressés, mais parce que la procédure de cassation n'a été organisée qu'en ce qui le
concerne.

Nous proposons cette solution sans la trouver complétement satisfaisante, puisqu'elle n'empêche pas que
l'un des copropriétaires de l'immeuble ne puisse faire
casser le jugement, tandis que l'autre s'en prévaudra
pour réclamer une indemnité, car il est bien évident

que l'effet du pourvoi ne saurait s'étendre d'un propriétaire à un autre.

Le moyen le plus simple de faire disparaître ces
anomalies serait, peut-être, de soumettre sans exception
tous les jugements d'expropriation à la haute sanction
de la Cour suprême, sans que ni l'administration ni les
particuliers fussent mis en cause, mais sans qu'il leur
fût défendu cependant de présenter des observations
écrites ou orales. Quoi qu'il en soit, et quant à présent,
il faut se résigner à l'application littérale et rigoureuse
de la loi.

III.—Les seuls moyens de cassation admis contre le
jugement sont, d'après l'article 20, § 1, les excès de
pouvoir, les vices de forme *du jugement* et l'incompétence. L'article ne parle pas de la violation de la
loi, parce que, dit-on, l'on a pensé qu'en cette matière
la violation de la loi constituerait toujours un excès
de pouvoir ou un vice de forme. (S. 1834, I, 106 ; 1834,
I, 5.)

Cette appréciation ne nous paraît pas rigoureusement
exacte. Le tribunal qui étendrait l'expropriation au
delà des limites de l'arrêté de cessibilité, ou qui refu-
serait de la prononcer, jugeant l'entreprise inopportune,
commettrait assurément un excès de pouvoir. Mais

supposons que l'arrêté de cessibilité désigne, après enquête régulière, une parcelle située à Sceaux comme nécessaire pour l'ouverture déclarée d'utilité publique du chemin de fer de Vincennes : il n'y aurait de la part des magistrats qui sanctionneraient cet arrêté ni excès de pouvoir ni vice de forme, il y aurait violation de la loi. De même, si le jugement prononçait l'expropriation d'un immeuble compris dans l'arrêté mais omis dans les publications d'enquête, la loi serait violée sans qu'il y eût vice de forme, ou du moins vice de forme *du jugement*.

Nous comprenons fort bien, du reste, que la jurisprudence cherche à suppléer à une lacune aussi fâcheuse en prenant les mots *excès de pouvoir* dans leur acception la plus large, sinon la plus juridique ; toutefois nous aurions préféré de beaucoup voir la question résolue par le législateur.

IV. — La Cour de cassation ne peut décider le point litigieux ; elle ne peut qu'apprécier si le jugement attaqué a fait une juste application des principes. Lors donc qu'elle déclare le pourvoi mal fondé, tout est fini ; lorsque, au contraire, elle casse le jugement d'expropriation, elle doit renvoyer l'affaire devant un autre tribunal, « qui statue sur la cause dans l'état où elle se

« trouve par suite de la décision de la Cour de cassa-
« tion. » (De Lalleau, n° 261.)

Cependant les parties remises dans le même état
qu'avant le premier jugement « ont le droit, soit de
« prendre des conclusions nouvelles, soit de produire
« les titres, pièces ou documents qui n'auraient pas été
« produits, et des certificats délivrés à une époque
« postérieure au premier jugement. » (S. 41, I, 670.)

Mais nous croyons qu'on dépasserait le but si, au
lieu de permettre simplement à l'administration de
compléter les pièces du dossier, on l'admettait à remplir, devant le tribunal de renvoi, les formalités dont
l'omission a fait casser la sentence des premiers juges.

SECTION III.

Nous avons jusqu'ici supposé que la procédure d'expropriation suivait son cours normal et régulier ; mais
que faut-il décider, par rapport à l'époque de la
translation de propriété, quand la dépossession n'est
pas prononcée par justice ?

La transcription est-elle nécessaire, tant pour les
cessions amiables que pour les acquisitions faites sur
la réquisition du propriétaire ?

Le jugement de donné acte peut-il être déféré à la Cour de cassation?

I. — Il y a ceci de remarquable que les termes de la loi du 23 mars 1855, qui excluent complétement le jugement d'expropriation, s'appliquent, au contraire, jusqu'à un certain point, aux cessions amiables, considérées comme actes translatifs de propriété entre-vifs. Bien plus, les raisons qui nous ont fait écarter la transcription comme inutile pour les transmissions de propriété prononcées par les tribunaux, perdent une partie de leur valeur, dès que l'autorité judiciaire n'a pas à intervenir, puisque, dans ce dernier cas, la nécessité où se trouve le tiers acquéreur de subir tôt ou tard l'éviction, et qui rend superflue toute revendication de sa part, est loin d'être aussi bien justifiée.

Toutefois, il ne faut pas oublier que, dans l'esprit de la loi du 3 mai 1841, le propriétaire, en cédant son immeuble, n'est jamais censé faire autre chose que souscrire à une dépossession inévitable. On peut ajouter qu'en exigeant la transcription des cessions amiables on ne remédierait que très-faiblement aux dangers qu'elles présentent, puisqu'on n'aurait sauvegardé que les droits du tiers acquéreur, dont la position est certes moins intéressante que celle de l'usufruitier et du locataire.

Nous pensons donc qu'il faut accepter jusqu'au bout les conséquences de l'assimilation établie par l'article 19 entre le jugement d'expropriation et les conventions amiables.

Quant aux acquisitions faites à la requête du propriétaire, ce que nous avons dit plus haut de leur nature montre clairement qu'elles tombent sous l'application du droit commun, et qu'ainsi elles ne sont opposables aux tiers qu'après la transcription qui en est faite. Au surplus, le propriétaire a généralement trop d'avantages à vendre à l'État le surplus de son terrain morcelé par les travaux pour qu'on puisse craindre qu'il ne revende frauduleusement les mêmes parcelles à un tiers.

II. — Le jugement qui donne acte à l'administration du consentement du propriétaire équivaut à la cession amiable, et, pas plus qu'elle, il n'a besoin d'être transcrit. Mais comme il constitue en même temps une décision judiciaire du droit commun, il peut être attaqué en cassation; dans ce cas, le pourvoi devrait être suivi et jugé dans les formes ordinaires.

Ici se termine la première moitié de notre tâche. Nous aurions pu nous étendre bien davantage sur ces intéressantes questions, si négligées jusqu'ici ; il nous suffira d'avoir montré qu'elles touchent aux points les plus délicats du droit civil, et qu'à ce titre elles auraient mérité une plus large place dans la loi.

Et maintenant qu'à l'étendue des droits conférés à l'État sur l'immeuble exproprié, nous avons pu mesurer l'importance du dommage causé aux citoyens, il nous sera facile de déterminer les règles qui doivent présider à la réparation de ce dommage.

Nous espérons pouvoir y consacrer bientôt une nouvelle étude.